Cuida tu cerebro
… y mejora tu vida

Cuida tu cerebro
... y mejora tu vida

Álvaro Bilbao

Plataforma
Editorial

Primera edición en esta colección: septiembre de 2013
Tercera edición: noviembre de 2013

© Álvaro Bilbao, 2013
© de la presente edición: Plataforma Editorial, 2013

Plataforma Editorial
c/ Muntaner, 269, entlo. 1ª – 08021 Barcelona
Tel.: (+34) 93 494 79 99 – Fax: (+34) 93 419 23 14
www.plataformaeditorial.com
info@plataformaeditorial.com

Depósito legal: B-18.381-2013
ISBN: 978-84-15750-61-1
IBIC: VS
Printed in Spain – Impreso en España

Realización de cubierta:
Roser Chillón

Fotocomposición:
Grafime

El papel que se ha utilizado para imprimir este libro proviene
de explotaciones forestales controladas, donde se respetan
los valores ecológicos, sociales y el desarrollo sostenible del bosque.

Impresión:
Romanyà Valls
Capellades (Barcelona)

«Los hombres y las mujeres pierden la salud para juntar dinero y luego pierden el dinero para recuperar la salud; y por pensar ansiosamente en el futuro olvidan el presente, de tal forma que acaban por no vivir ni el presente ni el futuro, viven como si nunca fuesen a morir, y mueren como si nunca hubiesen vivido.»

GANDHI

Para Diego, Leire y Lucía. Los mejores hijos que un padre puede soñar.

Quiero agradecer antes que a nadie a mis padres, José María y Begoña, haberme llenado el cerebro de responsabilidad y oportunidades, pero sobre todo de cariño. A mis abuelos, Carmen, José Luis, Rosario y Rafael, por haberme dado amor y una perspectiva amplia del cuidado del cerebro. A mi mujer, porque es simplemente maravillosa y gracias a su generosidad y apoyo este y tantos otros proyectos pueden salir adelante. A Jordi Nadal y todo el equipo de Plataforma Editorial por ofrecerme su plataforma y brindarme todo su apoyo y profesionalidad. En último lugar, y muy especialmente, a todos los pacientes que han dejado que evalúe su cerebro y les ayude en su puesta a punto. Me han enseñado y ofrecido mucho más de lo que yo les podré devolver.

Índice|

Introducción |

«La principal función del cuerpo es la de trans-
portar el cerebro.»

THOMAS EDISON

Tu cerebro es el órgano más preciado que posees. En él se
encuentra tu primer beso, la sonrisa de tu madre cuando re-
gresabas a casa de la escuela o la sensación de coger en brazos a tu hijo por primera vez. Tu cerebro te permite respirar,
hace que tu corazón lata, escucha tus canciones favoritas y
permite que tus ojos puedan ver el maravilloso mundo que
te rodea y, sin embargo, es mucho más que un órgano que te
permite vivir y sobrevivir. Tu cerebro habla por ti, te presenta al mundo como quieres ser conocido, alberga tus recuerdos más tiernos, esconde tus secretos más íntimos, elabora
tus deseos y persigue las metas que te permiten ser feliz. Tu
cerebro es tan especial que es el único órgano que nunca te
van a poder trasplantar, porque en el momento en que pu-
sieran otro cerebro en tu cuerpo dejarías de ser tú para ser la
persona que lo donó. Y es que tu cerebro eres tú.

El sinfín de misterios que se esconden tras sus interminables arrugas, como son su capacidad curativa, el conocimiento de nuestra propia existencia, el amor o el secreto de la felicidad, junto con su enorme complejidad, hacen que sea un tema de estudio fascinante. Hoy en día el conocimiento acerca del funcionamiento del cerebro se encuentra a pie de calle. De hecho, vivimos un verdadero boom de la neurociencia propiciado por que los descubrimientos que se producen en este campo han encontrado una aplicabilidad práctica en ámbitos como el marketing, la empresa, la economía o la propia salud. Pero creo que la verdadera razón por la que el cerebro ha seducido a muchos científicos y ha despertado un enorme interés en la sociedad en los últimos años es el hecho de que nuestro cerebro nos define como personas. En ese sentido, cada nuevo hallazgo promete ser una pieza más para resolver el difícil puzle de la felicidad. Seguramente tú, como muchos otros, albergas el anhelo de que en los nuevos descubrimientos acerca de su funcionamiento se encuentren las claves para ser un poquito más feliz.

Sin embargo, a pesar de la importancia que desde todos los ámbitos concedemos al cerebro y de que los conocimientos de la persona de a pie sobre lo que nos puede ofrecer son cada vez más amplios, sabemos muy poco de lo que nuestro cerebro necesita de nosotros. La realidad es que hasta hace pocos años no hemos llegado a comprender bien qué hacía que un cerebro se conservara en buenas condiciones. La razón es sencilla; el cerebro es un órgano muy resistente que mantiene un alto nivel de funcionamiento durante muchos años sin apenas mantenimiento. Desde los albores de los tiempos ha pasado casi desapercibido gracias a su impecable funcionamiento y su resistencia a las enfermedades. Sin embargo, hoy en día más que en ninguna otra época la longevidad del ser humano y los rápidos cambios en los que la sociedad tecnológica nos ha inmerso están poniendo nuestro cerebro a prueba.

El avance de la medicina durante el siglo pasado ha permitido ampliar la esperanza de vida casi en treinta años. Algunas enfermedades potencialmente mortales han sido erradicadas por completo y otras tienen hoy un tratamiento sencillo. Esta realidad ha provocado que cada vez seamos más los que lleguemos a mayores y alcancemos, a su vez, edades más avanzadas. La conquista de una vida larga nos ha llevado a encontrarnos con el difícil desafío de llenar esos años de vida. Paralelamente, el imparable desarrollo tecnológico ha permitido que tengamos una vida más segura y confortable, llena de comodidades, aunque mucho más estresante y solitaria, en la que los valores del dinero, la inmediatez y la comodidad han desplazado a otros tradicionales como la familia, la constancia o la amabilidad. Todo ello nos ha situado cara a cara frente a dos desafíos a los que tendrás que hacer frente a lo largo de tu vida. En primer lugar, conservar tu cerebro en unas condiciones que le permitan resistir el embate del tiempo y sus enfermedades. En segundo lugar, buscar la plenitud a lo largo de una vida más larga y llena de desafíos.

En el cuidado del cerebro reside la posibilidad de disfrutar de tu memoria, de tu alegría o de tu bienestar físico, ahora y durante más tiempo. La importancia del cuidado del cerebro es tal que algunos países han iniciado campañas nacionales de salud cerebral o planes estratégicos para prevenir el Alzheimer y la demencia entre sus mayores. Los datos de prevención que estamos descubriendo con cada nueva publicación científica nos dejan un mensaje claro: una buena parte de las enfermedades del cerebro se pueden evitar y en casi todas las restantes los síntomas se pueden paliar o retrasar. Sin embargo, para lograrlo, la sociedad debe abandonar la percepción de que poco o nada se puede hacer para evitar estas patologías y tomar un papel activo en su prevención. En este sentido, mientras casi todas las miradas se fijan en la industria farmacéutica, los mayores expertos en el campo de la prevención del deterioro cognitivo y en la lucha contra trastornos como el Alzheimer, la depresión o las enfermedades cerebrovasculares coinciden en señalar que la clave del éxito se encuentra en tu capacidad para llevar un estilo de vida saludable para tu cerebro. No hace falta que te sometas a una terapia génica o a una pequeña cirugía o lifting cerebral. De hecho, nada de eso puede ayudar. Si bien los fármacos pueden ofrecer una importante ayuda en un futuro y se habla incluso de vacunas contra el Alzheimer, los expertos aseguran que su potencial terapéutico estará muy ligado al grado de cuidado que hayamos dado a nuestro cerebro durante la vida. A estas alturas, con los conocimientos de los que disponemos, es de ilusos pensar que una vida de sedentarismo físico y mental va a poder compensarse al final de tus días gracias a una píldora milagrosa.

El camino más efectivo para paliar el deterioro intelectual y prevenir enfermedades asociadas al envejecimiento es desarrollar un estilo de vida Saludable para tu Cerebro. A continuación, vas a poder leer los beneficios de potenciar tu salud cerebral y las claves para lograrlo. Podrás descubrir cómo algunos alimentos, ejercicios y hábitos diarios pueden ayudarte a proteger tus neuronas y mejorar tu calidad de vida desde hoy. Tú puedes conseguirlo.

1.
Los peligros
para tu cerebro

«La muerte no es nuestra mayor pérdida. Nuestra
mayor pérdida es lo que muere dentro de nosotros.»

NORMAN COUSINS

Esta mañana una noticia destacaba en el periódico por encima de los titulares económicos y políticos. Es algo poco habitual, pero la noticia merece todo el protagonismo. Rezaba así: «En cuarenta años los casos de Alzheimer se habrán triplicado».

No es mi intención meterte miedo en el cuerpo. Quiero que este libro transmita un mensaje positivo y sea un compendio de buenos hábitos que te ayuden a ser más feliz durante más tiempo. Sin embargo, me voy a detener en este capítulo, y nada más que en este capítulo, para exponerte la realidad tal y como es. Los psicólogos sabemos que uno de los motores de la motivación es conocer tu situación actual, con todas sus implicaciones y riesgos, para poder valorar, así, con responsabilidad los beneficios de un posible cambio.

El titular con el que hemos arrancado este capítulo describe las conclusiones de una investigación publicada en la revista *Neurology*, una de las más prestigiosas en el ámbito del estudio del cerebro. Son muchos los investigadores que llevan años dando la voz de alarma sobre la importancia de atajar el problema de las enfermedades cerebrales asociadas al envejecimiento. La realidad es que cada vez somos más los que llegamos a mayores. Si en un país como España ahora mismo hay unos 8 millones de mayores de 60 años, en tan solo 35 años seremos 16 millones. El doble. Solamente con este dato cualquier persona se puede dar cuenta de que serán también el doble los casos de Alzheimer u otras enfermedades asociadas a la vejez.

Por si esto fuera poco, la esperanza de vida se ha alargado nada más y nada menos que 3 años en la última década. Solo en la última década. En comparación con dos generaciones atrás, tu esperanza de vida ha aumentado 15 años. **Si tu abuelo vivió 75 años es muy probable que tú vivas 90 años.** Y con cada año que se amplía tu esperanza de vida aumenta el riesgo de que tu cerebro sufra alguna enfermedad. Son muchos los trastornos que pueden atacar tu cerebro. La mayoría ni te suenan, algunos los conoces de oídas y otros los conoces bien e incluso te han tocado de cerca. Alzheimer, Parkinson, tumores cerebrales e ictus son los más familiares, pero existen otros tipos de demencia que bien podrían cogerte desprevenido.

Seguramente, de todos ellos el que más te preocupa es el Alzheimer. No es de extrañar que te preocupe. Está muy presente en los medios de comunicación y probablemente también en tu familia o en la familia de alguno de tus amigos y compañeros de trabajo más cercanos. Es una verdadera alarma social y económica, ya que son muchas las personas afectadas y necesitan mucha ayuda durante los aproximadamente 10 años que dura la enfermedad. Hay más mujeres con Alzheimer que hombres (casi el doble) porque tienen un poco más de vulnerabilidad genética a la enfermedad, pero sobre todo porque viven más años. No obstante, si piensas llegar a los 80 años (y créeme que tienes muchas posibilidades de pasar de los 80 años, e incluso de los 90), da un poco igual que seas hombre o mujer. En datos generales, alrededor del 20 % de los mayores de 80 años desarrollan una demencia tipo Alzheimer. Es decir, que cuando tú seas mayor, hay un 20 % de posibilidades de que tengas Alzheimer. Sin embargo, si la esperanza de vida sigue aumentando y los avances médicos siguen su curso, es posible que tus probabilidades de sufrir Alzheimer estén alrededor del 25 % simplemente porque vivirás más años. A esta realidad hay que añadir que, según vamos descubriendo, muchos de los hábitos de vida actuales son poco beneficiosos para tu cerebro, por lo que es posible que si no empiezas a cuidar de tu cerebro pronto, llegados a la misma edad que tu abuelo, tengas más probabilidades de sufrir Alzheimer que él.

Si tienes menos de 60 años, seguramente piensas que el abismo de la pérdida de memoria más devastadora está muy lejos. Sí, efectivamente te queda toda una vida por delante. Pero todos esos años que te separan de la enfermedad no hacen menos real tu futuro. Con los datos con que contamos hoy en día, tus probabilidades de padecer Alzheimer son las mismas que hay que tu fecha de nacimiento, el número de documento de identidad o de teléfono que te ha tocado acabe en 3, 6 o 9. ¿Te ha tocado? ¿Le ha tocado a alguien que tienes cerca?

Si has tenido la desgracia de haber mirado cara a cara a los ojos del Alzheimer, sabrás que es una visión aterradora. Puede que hayas conocido a tu abuelo con Alzheimer cuando eras muy pequeño, pero seguramente no lo recuerdas con la viveza en la mirada que tenía en su juventud y no te habrá causado mucha impresión. Si has visto a tu madre o a tu padre, o has conocido a alguien que posteriormente ha desarrollado la enfermedad, entenderás lo que digo. El Alzheimer es una de las enfermedades más crueles que hay para el paciente y su familia. El cerebro va desapareciendo día a día, llevándose consigo los recuerdos, los proyectos y, finalmente, la identidad de la persona.

Hagamos un pequeño ejercicio. Escribe en un papel 10 cosas que te identifican como persona o te hacen sentir bien. Puedes incluir ser madre o padre, tu profesión, tus aficiones, tus amigos, un restaurante al que te gusta mucho ir, un lugar al que te gusta volver cuando tienes ocasión o un cantante al que te gusta escuchar. Imagínate que te arrebataran todo eso, te llevaran a un piso compartido extraño y poco acogedor y no conocieras a nadie en el mundo. Puede que tu esposo o tus hijos te cuiden en tu propio hogar, pero si algún día sufres Alzheimer seguramente te sentirás de manera parecida a como te lo acabo de describir. Perdido de ti.

A pesar de que el Alzheimer es la enfermedad más temida por todos, hay otra amenaza mayor para tu cerebro. Es la primera causa de muerte en las mujeres, por encima del cáncer, la segunda causa de muerte en varones, y tanto en unos como en otros la primera causa de discapacidad. A pesar de su enorme prevalencia, es un gran desconocido. Seguramente el «despiste» social en lo referente a esta amenaza para tu cerebro se deba en parte a que tiene muchos nombres. Lo puedes conocer como infarto cerebral, apoplejía, derrame cerebral, aneurisma, accidente cerebrovascular o ictus. Aunque cada uno de estos términos tiene una razón de ser desde el punto de vista médico, todos hacen referencia a una interrupción brusca del riego sanguíneo a una región de tu cerebro. Esa región del cerebro acaba muriendo, y si no se actúa a tiempo es muy posible que la persona también. **A menos que haga algo para remediarlo, uno de cada tres lectores tendrá un ictus a lo largo de su vida, y a diferencia del Alzheimer la probabilidad de sufrir un ictus mientras eres joven (antes de los 55) es alta.** Son muchas las personas que fallecen al año a causa de un ictus, pero muchas más las que quedan con secuelas permanentes. En mi trabajo puedo ver día a día a personas jóvenes, de entre 16 y 50 años, que han sufrido un ictus y han perdido la capacidad de hablar, escribir, leer, orientarse, mover un brazo o caminar. Aunque hacemos un gran trabajo con estos pacientes, la mayoría no vuelve a trabajar o a conducir y muchos necesitan que les cuiden durante toda la vida.

Es importante que sepas que la mayoría de las personas que padecen un ictus experimentaron los mismos síntomas en un primer momento. Sintieron debilidad y falta de sensibilidad en un lado del cuerpo (en la pierna y principalmente en el brazo y la cara) y presentaron dificultades para hablar (no podían articular o decían cosas sin sentido). Ante estos síntomas, es crucial que tú o un familiar llame a una ambulancia y digáis: «Creo que me está dando un ictus». No debes tomar nada: ni aspirinas, ni Coca-Cola. Lo más importante es que llames, porque si te atienden en la primera hora la probabilidad de tener secuelas es mucho menor que si esperas unas horas a ver cómo evoluciona. Conozco a varias personas que han perdido a un ser querido porque simplemente no conocían esta información. Transmítela a todos los que conoces. Si este libro ayuda a una sola persona a identificar estos síntomas y avisar a tiempo, estoy seguro de que mi editor y yo estaremos más que satisfechos.

Entre los pacientes que sufren un ictus encontramos personas de todas las clases sociales, profesiones y edades. Abundan las que fuman y tienen un alto nivel de estrés, sobrepeso, colesterol o azúcar en sangre. De hecho, si tienes dos de estos factores de riesgo antes de los 40, la probabilidad de sufrir un ictus antes de los 80 años es del 50 %. Si tienes más de dos, la probabilidad de sufrirlo aumenta tan rápido como se acerca la edad a la que lo puedes sufrir. Muchos se sienten indefensos ante estos datos, como si su suerte estuviera echada, cuando son factores de riesgo controlables. De hecho, es mucho lo que puedes hacer para prevenir un ictus.

Seguramente ya te he asustado bastante y por ello no voy a profundizar en el campo de las enfermedades neurológicas, aunque debes saber que cada vez hay más casos de Parkinson y otros tipos de enfermedades neurodegenerativas. Es inevitable. Nos hacemos mayores y el cerebro entra en primera línea de tiro. Sin embargo, no quiero acabar este capítulo sin hablarte de las otras grandes amenazas para tu cerebro.

En medicina existe una disociación de los trastornos del cerebro entre aquellos que atienden los neurólogos y aquellos que atienden los psiquiatras. Me resulta muy difícil darte una explicación clara de dónde se traza la línea de lo neurológico y lo psiquiátrico porque simplemente no la hay. Por lo general, el psiquiatra se ha centrado más en aquellas alteraciones del ánimo, y es de estas enfermedades y trastornos de los que te quiero alertar.

En los últimos años se ha venido observando un aumento de la presencia de alteraciones en el ánimo. En la actualidad, hay más niños sometidos a tratamiento psiquiátrico que en ningún otro momento. Los casos de déficit de atención, depresión infantil o juvenil, anorexia o bulimia son alarmantes e inadmisibles para una sociedad que se preocupa por sus hijos. Paralelamente, en los adultos la depresión, el estrés y los trastornos de ansiedad están a la orden del día, y lo más desalentador es que la sociedad convive con ellos con resignación e incluso indolencia. Parece tan normal que nuestra pareja tome medicación para la depresión como que nosotros lleguemos a las 10 de la noche con demasiado trabajo como para dedicarle una hora para interesarnos por su día. Simplemente son cosas normales. Hace aproximadamente 15 años pude escuchar una conferencia brillante del psicólogo vivo posiblemente más influyente en la psicología moderna. Martin Seligman, padre de la psicología positiva, expuso aquel día los datos de los que te acabo de hablar. Estaba francamente horrorizado tanto por la altísima prevalencia de trastornos del ánimo como por la tolerancia que encontraba en la sociedad. Según apuntaban sus hipótesis, que poco a poco se han ido demostrando, la vida moderna, llena de bienestar e incluso lujos, está haciendo nuestro cerebro menos resistente a la frustración, menos agradecido de lo que tenemos, más estresado y más solo que en ninguna otra época de la humanidad. En definitiva, **tenemos iPads, iClouds, iPhones, pero menos iDea de lo realmente iMportante y somos menos felices que hace unos años.**

A continuación vamos a recorrer juntos los secretos del cuidado del cerebro. Como podrás comprobar, el camino de la salud cerebral es el camino de una vida más larga para tu cerebro, pero también es el camino de un mayor bienestar emocional. Cuando cuidas tu cerebro proteges tus neuronas, pero también mejoras tu vida.

2.
¿Sabes cuidar tu cerebro?

«El cerebro no es un vaso por llenar, sino una lámpara por iluminar.»

PLUTARCO

A pesar de la fascinación que despierta el cerebro, somos muy poco conscientes de sus necesidades y su cuidado. Estoy seguro de que desde pequeño te han enseñado a lavarte los dientes tres veces al día y a lavarte las manos con agua y jabón. Los hábitos de higiene están bien integrados en la sociedad, ya que son esenciales para prevenir infecciones. Además, lucir una bonita dentadura y una piel tersa te ayudará a dar una buena imagen y tener más confianza en ti mismo. Hoy en día es impensable que una persona no use jabón a diario. Es difícil imaginar cómo podrías pasar sin tu cepillo de dientes un fin de semana. Sin embargo, y a pesar de la importancia que tu cerebro tiene en tu vida, seguramente sabes poco sobre cómo cuidarlo. Hace poco una encuesta reveló que solo el 8 % de la población consideraba que sabía cómo cuidar su cerebro. El 92 % refirió saber poco o nada acerca del tema.

La verdad es que son datos alarmantes. Existe un sinfín de enfermedades que pueden afectar al cerebro, cada día la población envejece más y, sin embargo, no sabemos cuidar nuestro órgano más preciado. La importancia del cuidado del cerebro reside también en su longevidad. **Mientras que las células del resto de órganos de tu cuerpo se renuevan de una manera constante en cortos periodos de tiempo**, que van desde las dos semanas para las células que recubren el estómago hasta los 15 años que pueden vivir algunas células musculares, **tus neuronas te acompañarán toda la vida.** Aunque recientes estudios han demostrado la aparición de nuevas neuronas después de la adolescencia, la realidad es que las neuronas que te permiten leer y entender este texto ahora son las mismas que lo harán cuando tengas 60, 70 o 100 años. Bien mirado, **parece más que sensato prestar como mínimo el mismo cuidado a aquellas células que nos acompañarán toda la vida que a aquellas que se renuevan periódicamente,** más aún teniendo en cuenta la importantísima misión que les ha sido conferida: preservar tu identidad y desarrollar todo tu potencial.

Las neuronas son las células más resistentes de tu cuerpo. Parece increíble que unas estructuras microscópicas puedan vivir hasta los 100 años, y sin embargo lo hacen. Gracias a esa perdurabilidad puedes tener conciencia de ti mismo y reconocerte tanto en una imagen de cuando tenías 2 años como en una de la semana pasada. Las células que formaban tu cuerpo de niño habrán sido reemplazadas por células nuevas, a excepción de tus neuronas, gracias a lo cual, aunque tu cuerpo sea distinto, tú seguirás siendo tú. Sin embargo, en la perdurabilidad de las células cerebrales reside también su fragilidad. A pesar de su extraordinaria resistencia, el paso del tiempo puede hacer mella en su estructura y funcionamiento; como todo el mundo sabe, la probabilidad de que sufras demencia u otro trastorno neurológico aumenta a medida que te haces mayor. Con el aumento de la esperanza de vida, las estadísticas con las que contamos a día de hoy estiman que casi el 40 % de las personas desarrollará algún tipo de enfermedad cerebral grave si no hace nada para evitarlo.

Además de la prevención de trastornos neurológicos, un cerebro bien cuidado te puede ayudar a ser más feliz. Cuidar tu cerebro es mucho más importante que cuidar tu piel. Una piel hidratada te puede hacer sentir más atractivo y seguro, pero un cerebro saludable te va a dar confianza, agilidad mental, una memoria resistente y va a transmitir a los demás que tienes un buen nivel de energía y una actitud positiva.

El mensaje de la salud cerebral es un mensaje poderoso. Durante los últimos cuatro años he podido comprobar el efecto que tiene sobre aquellos que acuden a escuchar las charlas y conferencias que imparto sobre el cuidado del cerebro y la memoria. Llevo muchos años dando charlas y conferencias para profesionales, y he de decir que nunca he tenido una audiencia tan entregada como la de aquellas personas que se sientan a escuchar el mensaje que en este libro te voy a transmitir. Probablemente el aspecto más positivo de divulgar este mensaje es recibir noticias de personas que han decidido apostar por la salud cerebral. Algunos me escriben para decirme que, después de muchos años en «dique seco», han comenzado un plan de ejercicio cardiovascular. Otros deciden introducir alimentos neurosaludables en su dieta. Hay personas que dejan de fumar y otros que deciden dejar a un lado el estrés. No me sorprende que las reacciones sean tan variadas porque todos tenemos un gran margen de maniobra para mejorar la forma en la que cuidamos nuestro cerebro.

Más adelante revisaremos juntos los puntos clave que pueden hacer que tu mente brille durante más tiempo, pero antes de eso me gustaría que dediques un minuto a realizar un breve test de cuidado cerebral. Son unas pocas preguntas basadas en los últimos descubrimientos en materia de salud cerebral que espero que te ayuden a tomar conciencia sobre el grado de cuidado que estás dando a tu cerebro en la actualidad.

BREVE TEST DE SALUD CEREBRAL				
Clave: 0 Nada de acuerdo | 1 Algo de acuerdo **2 Bastante de acuerdo | 3 Muy de acuerdo**				
Soy un apasionado de la lectura	0	1	2	3
Mi trabajo me hace estar en movimiento	0	1	2	3
Duermo al menos 8 horas al día	0	1	2	3
Como al menos 3 raciones de pescado a la semana	0	1	2	3
Tengo una vida con poco estrés	0	1	2	3
Vivo en familia o me siento acompañado	0	1	2	3
Me involucro en nuevos proyectos con facilidad	0	1	2	3
Escribo un diario o ejercito mi mente con juegos y pasatiempos	0	1	2	3
Mi trabajo implica aprender cosas nuevas	0	1	2	3
Me suelo despertar descansado y con energía	0	1	2	3
Practico deporte habitualmente	0	1	2	3
Tomo abundantes frutas y verduras	0	1	2	3
Me doy largos paseos	0	1	2	3
Disfruto apuntándome a cursos o aprendiendo cosas nuevas	0	1	2	3
Suelo hacer las principales comidas acompañado	0	1	2	3
Llevo una vida tranquila y pausada	0	1	2	3
Actualmente no fumo	0	1	2	3
Nunca he fumado	0	1	2	3
Bebo entre dos y tres litros de agua al día	0	1	2	3
Practico la meditación, oración o yoga	0	1	2	3
Disfruto de aficiones que me mantienen ilusionado y activo	0	1	2	3
En mi día a día me río o paso buenos ratos con frecuencia	0	1	2	3
Estoy en mi peso ideal	0	1	2	3
Hablo varios idiomas o toco un instrumento musical	0	1	2	3
Soy de poco comer. Suelo dejar un poco en el plato	0	1	2	3
Participo en muchas reuniones sociales o familiares	0	1	2	3
Con frecuencia me doy cuenta de que soy afortunado	0	1	2	3
Tengo una vida activa con responsabilidades	0	1	2	3
Me considero una persona curiosa o creativa	0	1	2	3
No soy muy aficionado a la carne	0	1	2	3	▶

Encuentro que mi vida tiene un significado	0	1	2	3
Evito comer bollería, chocolatinas o patatas fritas	0	1	2	3
He estudiado una formación universitaria	0	1	2	3
Puntuación total				

Menos de 45 puntos

Tu nivel de salud cerebral es bajo. Tu cerebro está expuesto a un envejecimiento prematuro y es más vulnerable a sus enfermedades. Recuerda que un cerebro cuidado puede ayudarte en tu día a día mejorando tu ánimo y tus capacidades intelectuales. Pequeños cambios pueden suponer un gran beneficio. Anímate a tomarte en serio el cuidado de tu cerebro.

Entre 45 y 65

Tu nivel de salud cerebral es medio. Es posible que tengas hábitos adecuados, pero hay otras facetas que estás descuidando, y eso no ayuda a proteger tu cerebro y mejorar su funcionamiento. Espero que al final del libro descubras cuáles son tus puntos débiles y adoptes cambios que te ayuden a mejorar tu salud cerebral.

Entre 65 y 85

Tu nivel de salud cerebral es adecuado. Algunos de tus hábitos ayudan a mantener tu cerebro joven y tu mente en forma. Sin embargo, todavía tienes un amplio margen de mejora. Como descubrirás, son muchas las cosas que puedes hacer para ayudar a mantener esta buena forma durante muchos años.

Entre 85 y 100

Tu nivel de salud cerebral es muy bueno. En los capítulos que vas a encontrar a continuación podrás leer por qué muchas de las cosas que haces en tu día a día son beneficiosas para tu cerebro y encontrarás áreas de mejora.

3.
Descubre tu cerebro

«No se puede desatar un nudo sin saber antes cómo está hecho.»

ARISTÓTELES

Antes de adentrarnos en el mundo de su cuidado, quiero compartir contigo algunos datos acerca del cerebro y su funcionamiento. Creo que pueden ayudarte a conocerte mejor y despertar un mayor interés en lo que me he fijado como objetivo: que después de leer este libro quieras cuidar tu cerebro.

Con un peso de aproximadamente kilo y medio, tu cerebro te permite sobrevivir, conseguir lo que necesitas del entorno que te rodea, relacionarte y sentirte tal y como eres. Es, sin lugar a dudas, el órgano estrella de la evolución. Isaac Asimov, el gran escritor de relatos de ciencia ficción, aseguraba que el cerebro es la obra más compleja del universo. Sus posibilidades son casi infinitas. De manera independiente es capaz de crear las más bellas melodías, de diseñar un edificio majestuoso o liderar a una nación hacia su libertad, y trabajando en equipo ha sido capaz de construir la Gran Muralla China, abolir la esclavitud o llevar al hombre a la luna.

Tu cerebro contiene cien mil millones de neuronas, tantas como estrellas hay en una galaxia. Al igual que un árbol tiende a crecer hasta tener un follaje frondoso o un canguro se desarrolla hasta dar brincos por la planicie australiana, estoy convencido de que la finalidad de todas y cada una de tus cien mil millones de neuronas es que tengas una vida plena. **Tener un desarrollo pleno es una tendencia natural de todos los organismos.** Este principio que hace que una ballena crezca hasta alcanzar un tamaño descomunal es el mismo que provocó que alrededor de tu primer cumpleaños sintieras un empuje irrefrenable que te impulsó a ponerte de pie y dar tus primeros pasos. Tus primeras palabras y el dominio del lenguaje, la curiosidad que te ha llevado a investigar y descubrir cómo funciona el mundo, la necesidad de crear vínculos sólidos con otras personas o el deseo de tener una familia son solo algunos ejemplos de esa tendencia al desarrollo pleno. **Este principio irrenunciable en la naturaleza y en la condición humana hace también que quieras ser cada día una persona más plena y feliz.** Tu cerebro no puede renunciar a esta búsqueda de plenitud porque forma parte de su esencia.

El cerebro humano es tan complejo que, a pesar de todo el esfuerzo dedicado a su investigación, sabemos muy poco de su funcionamiento, por lo que nos queda mucho por descubrir. La complejidad comienza por sus múltiples estructuras y sistemas. Imagínate que abres el capó de tu coche. Si eres como yo, seguramente no sabrás ni siquiera diferenciar una parte de otra, y no quieres ni imaginar las conexiones, los circuitos y los mecanismos que se esconden debajo de cada tapa o tuerca. Sin embargo, todos esos componentes son esenciales para que el vehículo se ponga en marcha, ruede y siga las órdenes del conductor. He consultado con un paciente que trabajaba en una fábrica de automóviles y me ha dicho que se tarda aproximadamente una semana en ensamblar un motor. Tu cerebro tarda alrededor de 23 años en «ensamblarse», es decir, unas mil doscientas veces más que un motor.

De esas mil doscientas semanas, tardamos cerca de 38 en desarrollar las estructuras más esenciales para la vida. Aquellas que hacen latir tu corazón, movilizan tu sistema digestivo y que permitieron que tomaras la primera bocanada de vida fuera del útero materno. Todas esas estructuras vitales para tu supervivencia se encuentran en las regiones más internas de tu cerebro, protegidas de impactos e infecciones por lo que llamamos la corteza cerebral, la parte más externa del cerebro y la que te permite pensar.

Un año después de nacer habrás desarrollado aquellas áreas de la corteza cerebral (la parte más externa de tu cerebro) que permiten que veas, oigas, olfatees y sientas el mundo de una manera muy similar a como lo percibes a día de hoy. Poco después comenzarás a caminar, lo que te permitirá abrirte camino a un mundo de descubrimientos y desarrollar tu sistema locomotor, que se encuentra repartido entre los dos hemisferios cerebrales. La parte izquierda mueve tu mano y pierna derechas y el hemisferio opuesto hace el trabajo simétrico. En tan solo 5 años (250 semanas), tu cerebro dominará este sistema locomotor. Durante toda tu vida desarrollarás habilidades físico-deportivas y podrás aprender a conducir una moto, coser, saltar con pértiga o jugar a la petanca, pero aproximadamente a los 5 años ya habrás desarrollado la mayor parte de tu control motor, lo que te permitirá correr, saltar, trepar, manejar un lápiz o coger cosas al vuelo con una enorme destreza.

Las mil semanas de desarrollo restante (unos 18 años) estarán consagradas casi en exclusividad al desarrollo intelectual y la construcción de la identidad. Durante estos años tu cerebro va a desarrollar estructuras dirigidas a adquirir conocimientos, dominar el arte de resolver problemas y relacionarse socialmente (un auténtico desafío se mire por donde se mire). Realmente, aunque hay un momento en el que deja de «crecer», el cerebro humano siempre está desarrollándose, cambiando sus conexiones neuronales y estructurándose para que te puedas adaptar a los cambios de tu entorno y seas cada día un poco más eficaz para resolver los problemas de la vida cotidiana.

Todo este desarrollo físico e intelectual se va encajando en el cerebro de tal manera que su anatomía es el reflejo de su funcionalidad. Dividido por la mitad por un gran surco que lo recorre longitudinalmente, resaltan dos hemisferios, que tienen funciones propias. El hemisferio izquierdo se encarga principalmente todas las labores lingüísticas, la capacidad de encontrar palabras, aprender idiomas, calcular, razonar y desarrollar ideas desde el recuerdo. Si eres un abogado, escritor o periodista, seguramente esta parte de tu cerebro es la dominante. Si te gustan una buena conversación, los números o también te resulta fácil convencer a las personas, seguramente tambén eres de hemisferio izquierdo. El hemisferio derecho se encarga más de interpretar imágenes, mapas y de desarrollar ideas a través de la imaginación. Se deja llevar por las emociones. Si eres arquitecto, te orientas por un lugar desconocido como pez en el agua, eres intuitivo o te resulta fácil entender la música o tienes alma de artista, entonces tu hemisferio dominante es el derecho.

Aunque tradicionalmente el término «cerebral» define a una persona fría y meticulosa, desde hace unos años estamos descubriendo una nueva faceta del cerebro que nos aleja de esta visión. Lejos de ser un órgano «frío», como pueden serlo los pulmones o los riñones, el cerebro es un órgano cálido que siente, se emociona y toma decisiones de una manera más emotiva que racional. Si piensas en las cosas realmente importantes de la vida, como tu pareja, tu trabajo o el lugar donde vives y cómo está decorado, te darás cuenta de que han sido decisiones más emotivas que racionales. La realidad es que la parte emotiva del cerebro impregna cualquier percepción, recuerdo, análisis o decisión. En este sentido, los dos hemisferios tienen su propia personalidad y su propio carácter. El hemisferio izquierdo es más analítico y racional, es realista, estratégico, planifica tus acciones, y todo ello porque le gustan las costumbres y el orden. Por el contrario, el hemisferio derecho es intuitivo, pasional e imaginativo. Se desenvuelve en la improvisación y da más valor a los sentimientos que a las razones. Tan rápido te hace soltar una buena carcajada como te descalza para que sientas la arena bajo tus pies.

Si la diferencia entre izquierda y derecha es importante, no lo es menos la diferencia entre norte y sur, delante y detrás. A grandes rasgos, la parte posterior se encarga principalmente de sentir y percibir. Tu cerebro procesa las sensaciones de tus dedos, tu vista y tu oído en la parte de tu cerebro que queda detrás de tus orejas. En contraposición, la parte frontal de tu cerebro se encarga de la acción. La movilidad de todo tu cuerpo, así como la toma de decisiones y la capacidad de ponerte en marcha se fraguan en toda la parte frontal de tu cerebro. Es el control de mando de tu vida y te permite realizar actos como fijar objetivos, mostrarte a los demás como quieres que te conozcan, decidir el tipo de vida que quieres llevar, hacer frente a las amenazas o animar a alguien que está pasando un mal trago. Sus funciones son tan complejas que el cerebro humano tarda 23 años en terminar de «construir» esta parte frontal.

Después de 23 años de aprendizaje y moldeamiento diario, podemos decir que la persona ha entrado en la edad adulta. Pero se requieren décadas de entrenamiento para dominar el arte de gobernar nuestra vida. Aceptar tus limitaciones, explotar tu potencial, las relaciones con los demás, conocerte a fondo y sentirte cómodo con tus emociones más íntimas son, probablemente, etapas del desarrollo cerebral en las que todavía estás embarcado. Y es que, en el afán de tu cerebro de que seas una persona plena, existe una constante búsqueda de autoconocimiento, así como de fórmulas para descubrir cómo puedes ser más feliz.

La mayor parte de los conocimientos acerca del mundo, acerca de cómo te puedes relacionar con los demás, así como todo tu historial de experiencias que te permiten enfrentarte a los problemas viejos con mayor eficacia y a los nuevos con mayor acierto, se deposita en tu corteza cerebral. La corteza es la parte más humana de cada persona y donde reside gran parte de su personalidad, conocimientos e identidad. Desgraciadamente, también es la corteza la que sufre los golpes más duros en la batalla frente al envejecimiento y sus enfermedades. Los fallos de memoria, la rigidez de pensamiento, la pérdida de reflejos o vitalidad son síntomas de que la corteza cerebral comienza a envejecer y son rasgos comunes de trastornos como la depresión o enfermedades como el Alzheimer.

Pero el cerebro es mucho más que un complejo juego de construcción, y las distintas partes y la relación entre ellas no explican del todo su funcionamiento. Al fin y al cabo, hombres y mujeres tenemos cerebros con las mismas estructuras y su funcionamiento es muy distinto. Esto se debe a que la química del cerebro desempeña un papel fundamental en su desarrollo y la forma en que responde, y se relaciona con el mundo que le rodea. Los neurotransmisores y las hormonas condicionan el funcionamiento del cerebro de tal forma que son capaces de marcar nuestra vida de una manera inimaginable. Pongamos el ejemplo de las hormonas sexuales. Lo creas o no, todo cerebro arranca su recorrido en la vida como cerebro femenino. Durante las primeras semanas de su vida no existe ninguna diferencia entre el cerebro de un varón y el de una mujer. No es hasta la octava semana de gestación, en la que los diminutos testículos del feto empiezan a segregar testosterona, cuando a nivel cerebral aparecen las primeras diferencias entre sexos que nos acompañarán durante toda la vida.

El poder de las hormonas sexuales es tan grande que literalmente moldean los cerebros de hombres y mujeres de manera distinta. Empecemos por el cerebro femenino, no por machismo, sino por la simple razón de que su funcionamiento es más complejo que el masculino. El cerebro femenino tiene la capacidad de conectar el mundo intelectual, social, afectivo y emocional de una manera casi automática, ayudando a las mujeres a relacionar ideas entre sí, recuerdos y emociones, a ser más perspicaces a los pequeños detalles e intuitivas en la toma de decisiones. La contrapartida de esta tremenda capacidad de asociación entre el mundo interno y el externo es que pueden ser más sensibles y vulnerables emocionalmente. El cerebro masculino es mucho más simple en el sentido de que le gusta compartimentar la información. A diferencia del femenino, el cerebro masculino tiene tendencia a tratar los problemas de manera aislada e intentar aislar aspectos afectivos en la toma de decisiones.

Por otra parte, el cerebro femenino está más preparado para la vida social. Su desarrollo lingüístico y la necesidad de comunicarse son superiores a las del hombre. Hace poco una conocida investigadora llegó a afirmar que la mujer media pronunciaba 20.000 palabras al día, mientras que el hombre pronuncia tan solo 7.000. Aunque se ha demostrado que estos datos son exagerados, lo cierto es que las mujeres son más comunicativas y tienen una mayor capacidad para construir frases y transmitir información de una manera más eficaz. Los antropólogos creen que el desarrollo del lenguaje en las mujeres se intensificó debido a los hábitos de vida desarrollados entre nuestros ancestros más lejanos. Mientras que los hombres salían a cazar o a pelear con enemigos, las mujeres se quedaban en el poblado realizando tareas de recolección, crianza y educación de los hijos. Esto hizo que su cerebro desarrollara un componente social mucho mayor que el de los hombres. En este sentido, las mujeres recuerdan mejor cualquier conversación o evento social que los hombres, y asimismo tienen dos facultades que brillan por su ausencia en el mundo masculino: en primer lugar, la mujer tiende a compartir lo que ve y siente a través de la conversación. Ante los ojos del hombre, parecen pasar el día hablando de cosas irrelevantes, pero es la manera que tienen de procesar y almacenar información. En segundo lugar, las mujeres tienen una gran capacidad para solucionar problemas en consenso. Cuando una mujer tiene un problema o está estresada, su cerebro buscará inmediatamente la compañía de otras mujeres que le ayuden a resolver el problema. El hombre, por el contrario, reacciona al estrés buscando la soledad y un lugar tranquilo para pensar o para no pensar, pero generalmente en soledad, y la solución al problema o conflicto viene determinada casi siempre por la acción. El hombre se siente cómodo en la acción más que en la conversación, y su manera natural de aplacar su angustia suele ser moverse o emprender acciones para resolver un problema. Parece que esta es la herencia de nuestros años de cazadores, en los que nuestro cerebro tuvo un entrenamiento intensivo al recorrer los bosques en busca de caza en total silencio para no espantar a las posibles presas. A diferencia de las mujeres, los hombres no recordamos muy bien las conversaciones, pero tenemos un cerebro privilegiado para recordar caminos y lugares debido a que nuestra memoria visual y espacial nos permitía leer las señales del bosque y encontrar el camino correcto sin equivocarnos.

Es posible que leyendo esto hayas podido tener alguna idea de por qué somos tan distintos y por qué, a veces, es difícil para hombres y mujeres entenderse. Simplemente porque sus cerebros tienen funcionamientos diferentes que nos hacen muy distintos los unos de los otros. A pesar de ello, nuestros cerebros están programados para estar juntos. En este sentido, es muy curioso conocer datos acerca de cómo nuestras hormonas provocan conductas sexuales complementarias durante el desarrollo sexual. Los estrógenos generan en el cerebro femenino la necesidad de arreglarse y hacer a la mujer visualmente atractiva, mientras que la testosterona provoca que el hombre busque de manera activa una compañera. Todo ello hace que las mujeres se sientan más atraídas por hombres independientes y solitarios, y los hombres por mujeres que destaquen en un grupo.

Femenino o masculino, tu cerebro es un órgano misterioso, fascinante y complejo. Pero más allá de ser una simple parte de tu cuerpo, es un órgano que, al igual que tú, tiene el mérito de haberse hecho a sí mismo y que busca y desea reconocimiento y amor. En este sentido es tan fuerte, sensible y entrañable como tú mismo. Llevas toda tu vida esculpiendo un cerebro maravilloso que te ayude a conocerte y ser más feliz. Merece la pena cuidar el fruto de todos esos años y esfuerzo para seguir disfrutándolo toda la vida.

4.
Un viaje por el mundo
de la salud cerebral

«Hasta el viaje más largo comienza siempre con un primer paso.»

LAO TSE

Aunque en la mente de muchas personas la vejez está asociada con el ocaso de las funciones intelectuales, un cerebro que envejece bien puede brillar por más longeva que sea la vida. Ayer mismo pude ver en televisión cómo Bob Edwards se convertía en el conductor más longevo del planeta al renovar su permiso a los 105 años de edad. Conducir no es sólo un asunto de amor propio o de licencias para este inglés afincado en Nueva Zelanda, sino que utiliza este permiso al menos tres días a la semana para hacer la compra en el supermercado. Parece increíble pensar que la primera vez que se puso a un volante fue en el año 1922. Sin embargo, el mundo entero está lleno de ejemplos de personas que viven más y mejor gracias a un cerebro bien cuidado. Repasemos algunos de ellos y las claves de su envidiable salud cerebral. Okinawa es el lugar de la tierra donde los habitantes viven más años. En esta pequeña isla del sur de Japón sus habitantes viven de media 85 años, tres años más que sus vecinos de la isla principal. Okinawa cuenta con la mayor concentración de centenarios del planeta, que en muchos casos disfrutan de una salud envidiable. Los nonagenarios en esta isla llevan una vida activa, realizan labores domésticas y agrícolas, montan en bici y algunos de ellos tienen relaciones sexuales. Los habitantes de Okinawa no solo viven más, sino que disfrutan de unas mejores habilidades intelectuales a lo largo de su vida, y los índices de demencia o deterioro cognitivo asociado a la vejez son muy inferiores en comparación con otros lugares del mundo. La combinación de longevidad con un envidiable estado de salud ha hecho que estos japoneses hayan sido el objeto de muchos estudios. A pesar de haber buscado afanosamente un gen que explicara su longevidad, la comunidad científica no ha sido capaz de encontrar la receta genética que explique la longevidad de esta población. Por contra, las evidencias científicas sugieren que los hábitos y costumbres de esta población los hacen resistentes al envejecimiento. Una prueba de estas tesis es una colonia de habitantes de Okinawa que fueron a Brasil para extraer el caucho durante la década de 1930. Los que se afincaron en este país cambiaron el consumo de pescado y verduras por el de carne, y también modificaron otros estilos de vida. El resultado fue dramático. Los miembros de esta pequeña colonia vivieron 17 años menos que sus parientes que nunca salieron de Okinawa, lo que para muchos supone una prueba de la poderosa influencia del entorno sobre nuestra salud cerebral. Los esfuerzos se centran ahora en averiguar qué características del estilo de vida de esta isla influyen de manera más decisiva en su salud. Desde la década de 1970 el Estudio de Centenarios de Okinawa se centra en esta labor, y ha descartado mitos, y también ha realizado interesantes hallazgos; algunos de los más sorprendentes tienen que ver con el alto índice de hormonas sexuales tanto en hombres como en mujeres. Según los investigadores que llevan más de 30 años estudiando a estos habitantes, a grandes rasgos **el secreto de una vida longeva está en la combinación de una alimentación saludable, una vida pausada, unos fuertes lazos sociales junto con una actividad física moderada y una marcada vida espiritual.**

Okinawa no es el único lugar estudiado por los científicos por la resistencia al paso del tiempo. Curiosamente, otros de los lugares que se encuentran en el punto de mira de los investigadores son también islas, y sus habitantes comparten con los de Okinawa algunas costumbres y hábitos. En la isla griega de Symi la probabilidad de llegar a centenario es casi el doble que en la Grecia continental y sus habitantes viven de media tres años más. En la isla italiana de Cerdeña se encuentra la familia Melis, la más longeva del planeta. Entre sus nueve hermanos suman más de 818 años. Ellos aseguran que una dieta rica en alimentos de su huerta, así como el pescado típico de la región, combinada con el trabajo en el campo, al que siguen dedicando cada momento libre, es el secreto de su longevidad. Los científicos reconocen que los habitantes de estas dos islas comparten ciertas costumbres, como la vida en familia, la dieta mediterránea, el ritmo tranquilo con el que transcurren sus jornadas, la implicación en tareas domésticas y agrícolas a lo largo de toda la vida o la buena autoestima de sus habitantes.

Curiosamente, los tres enclaves más longevos del planeta son islas, y 14 de los 15 países con mayor esperanza de vida en el mundo están bañados por el mar. Aunque el índice de riqueza de un país mantiene una alta correlación con la esperanza de vida de sus habitantes (principalmente por los recursos sanitarios), en este selecto grupo no se encuentran muchos de los países más ricos del planeta. Países como Alemania, Austria o Estados Unidos dejan su lugar a países más modestos pero con una mayor influencia del mar en su dieta y estilos de vida tradicionales como Grecia, Malta o España. El único país sin litoral que aparece en esta lista es Suiza. Puede que sea solo una casualidad. Al fin y al cabo, el 75 % de los países está bañado por el mar, pero me suele gustar ofrecer este dato, ya que me ayuda a ejemplificar algo importante. Los habitantes de Okinawa, Symi y Cerdeña han puesto a los investigadores tras la pista de los beneficios que podría tener el consumo de pescado sobre el cerebro, algo que tienen en común la dieta mediterránea y la japonesa, pero también la de muchos países incluidos en la lista de los más longevos del planeta. En la actualidad hay varios equipos científicos estudiando los beneficios del omega 3 (presente en altas cantidades en el pescado azul) en el envejecimiento cerebral y la prevención de sus enfermedades. Siguiendo la pista del consumo del pescado azul, debemos hacer una parada para conocer a los pueblos esquimales que viven en la región del círculo polar ártico, que se extiende por tres continentes. Sus habitantes son legendarios por su enorme resistencia al infarto y porque entre ellos casi no se conocen casos de enfermedad cerebrovascular. Su actividad diaria parece implicar un alto grado de ejercicio cardiovascular, ya que la caza y la pesca en estas latitudes implican un enorme esfuerzo que se complementa, al igual que hacen sus vecinos japoneses y mediterráneos, con una dieta rica en pescado azul y un aporte extra de omega 3 que proporciona la grasa de foca.

Entre el Mediterráneo y el Pacífico nos encontramos con el segundo país más habitado del mundo: India. Durante años se ha pensado que sus habitantes tenían un cierto grado de inmunidad frente al Alzheimer porque la incidencia de esta enfermedad era mucho menor que en el resto del mundo. Hoy en día, con datos más rigurosos sobre la mesa, sabemos que la diferencia no es tan grande como se pensaba, pero que, efectivamente, el porcentaje de personas mayores aquejadas por la enfermedad de Alzheimer es menor que en los países occidentales. Después de años de investigaciones parece que el responsable de que los habitantes del subcontinente indio sean más resistentes al Alzheimer es un componente del curry. Aunque muchas personas creen que el curry es una especia, en realidad es una palabra india que significa «salsa», una salsa que se elabora con muchas especias (algunos tipos de curry llevan hasta 20 tipos de especias). De entre todas ellas, los investigadores están centrando su atención en la cúrcuma, una especia amarillenta extraída de la planta del mismo nombre y que parece ser capaz de inhibir la acumulación de una de las proteínas relacionadas con el Alzheimer: la proteína Beta amiloide. Todavía no tenemos datos suficientes, y desde luego parece claro que la cúrcuma no es la solución definitiva al deterioro cognitivo, pero las compañías farmacéuticas ya están realizando ensayos clínicos y puede ser una clave más en el puzle del Alzheimer.

En el viaje de la salud cerebral debemos pararnos en Francia, ya que su dieta esconde algunas claves de lo que debería ser una nutrición saludable para el cerebro, y porque en este país ha vivido la persona más anciana del planeta. Determinar la edad de personas extraordinariamente longevas implica siempre el desafío de certificar la fecha de nacimiento, que se puede remontar a dos siglos atrás (del XXI al XIX), cuando los nacimientos no se certificaban en muchos países. Desde distintos rincones del planeta aparecen de vez en cuando personas que reclaman que su abuelo o abuela entre en el libro Guinness asegurando que es la persona viva más longeva, pero sin una certificación adecuada es, simplemente, inviable. Quizá por eso la persona más longeva de la que se tiene constancia vivió en un país europeo, donde estos registros empezaron a ser rutinarios a finales del siglo XIX. Jeanne Clemment falleció a los 122 años de edad. Nació en 1875 y murió en 1997. Parece que falleció hace relativamente poco tiempo, pero para que te hagas una idea de su longevidad, Jeanne Clement era ya abuela trece años antes de que comenzara la Segunda Guerra Mundial. La fortuna de su marido le permitió vivir sin trabajar y dedicarse a sus aficiones; además era una mujer deportista, lectora y abierta a nuevas experiencias. Probablemente disfrutó de los placeres de la cocina francesa, que es famosa por la paradójica combinación de hábitos muy saludables frente a otros perjudiciales. Los científicos describen esta paradoja en la dieta francesa porque a los buenos hábitos asociados a la dieta mediterránea, como el consumo de verduras, legumbres y aceite de oliva y muy especialmente el consumo moderado de vino, se le suma un gusto excesivo por las grasas animales. En este sentido, Francia siente una devoción por los quesos, el foie, la carne de pato y por incluir la nata en muchas de sus recetas. No parece paradójico que sus platos sean deliciosos, pero sí lo es el difícil equilibrio entre el consumo de platos saludables y poco saludables. En su conjunto, los franceses sufren menos infartos de miocardio e ictus, por lo que parece que los efectos saludables de la dieta compensan los excesos.

Al otro lado del Atlántico, en Estados Unidos, cientos de monjas repartidas por congregaciones de todo el país están participando en un interesante estudio sobre envejecimiento cerebral. Tras los viejos muros de sus conventos se han encontrado interesantes datos sobre cómo se puede hacer prevalecer las facultades mentales frente al Alzheimer y otras formas de deterioro cognitivo. Estas monjas se someten anualmente a un minucioso estudio de su memoria hasta que fallecen, momento en el que se les practica una autopsia cerebral. El objetivo del conocido como «estudio de las monjas» no era otro que el de identificar qué problemas de memoria pueden servir como señales de detección del Alzheimer y otras enfermedades del cerebro. Curiosamente, los investigadores se toparon con una monja que desafiaba los conocimientos que teníamos hasta la fecha acerca del Alzheimer. La hermana Bernadette falleció de un ataque al corazón con 84 años de edad. Todos esperaban encontrar un cerebro perfectamente sano, puesto que los resultados de sus pruebas de memoria fueron año tras año excepcionales y mantenía una vida muy productiva en el convento. Sin embargo, al analizar su cerebro encontraron señales que indicaban que padecía un caso de Alzheimer moderado. Desde todos los puntos de vista, el grado de afectación que mostraba su cerebro debería haberle provocado importantes problemas de memoria, y, sin embargo, no lo había hecho. Este dato confirmaba lo que los investigadores sospechaban hacía años: **un cerebro cultivado es más resistente al daño cerebral y a sus enfermedades.** La hermana Bernadette había finalizado estudios universitarios, había vivido en misiones en distintos lugares del mundo, hablaba varios idiomas, le encantaba leer, había pasado los últimos años como profesora en un instituto y mantenía su cabeza ocupada organizando las actividades domésticas de la congregación. De acuerdo con los investigadores, su estilo de vida posiblemente le habría otorgado una gran reserva cognitiva, un término que hace referencia a una mayor resistencia al deterioro intelectual propiciado por un alto nivel de exposición a nuevos aprendizajes. En este sentido, parece claro por este y otros estudios que las mentes más cultivadas son más resistentes al deterioro. A pocos kilómetros de una de estas congregaciones se encuentra el Hospital Johns Hopkins, donde me formé como neuropsicólogo. Es uno de los centros de excelencia a nivel internacional en el estudio de enfermedades neurológicas. Cuando yo realizaba la residencia en este hospital, pude colaborar con uno de los estudios más punteros que por aquel entonces se realizaban en el ámbito del Alzheimer. El objetivo de este estudio era descubrir qué genes determinaban la edad de aparición del Alzheimer. Por aquella época conocíamos muchos de los genes asociados a la enfermedad del Alzheimer y la mayoría de los investigadores estábamos convencidos de que, una vez secuenciado el genoma humano en su totalidad, podríamos conocer con detalle quién desarrollaría la enfermedad, en qué momento comenzaría a mostrar los síntomas y cuánto tiempo viviría. Sin embargo, el tiempo nos ha quitado la razón y ha puesto de manifiesto que la genética es solo una pequeña parte del puzle de los trastornos neurológicos. Prueba de ello son los resultados de estudios realizados con gemelos. Estos estudios han puesto de manifiesto que en algunos casos un hermano gemelo tiene Alzheimer, mientras que el otro permanece perfectamente sano toda la vida. Estamos hablando de gemelos idénticos en los que no existe ninguna diferencia entre los genes del primero y los del segundo. Asimismo, sabemos que, en el caso de que los dos hermanos desarrollen la enfermedad, suele hàber una variabilidad del momento de la aparición de entre 1 y 10 años. En un hermano la enfermedad puede aparecer con 70 años, mientras que en su gemelo puede no dar ningún síntoma hasta los 80.

Para que las personas tomen conciencia del limitado papel de la genética en el envejecimiento cerebral les suelo contar esta analogía. Pongamos que tu vecino acaba de comprarse un coche de alta gama que viene equipado de serie con una de las mejores pinturas del mercado. Sin embargo, tu vecino es un hombre descuidado y poco apegado a las cosas. No lava el coche más que una o dos veces al año. El coche permanece aparcado en la calle día y noche, por lo que sufre los rayos del sol durante toda la jornada y las frías temperaturas por la noche. Si alguna vez se le ocurre dejarlo a la sombra de un árbol, los pájaros lo bombardean con sus excrementos, a los que no da mayor importancia. En el otro extremo, tú eres una persona más sentimental. Tienes una de esas preciosas furgonetas Volkswagen de tu época de estudiante. La furgoneta venía equipada con una pintura modesta, pero a diferencia de tu vecino la mimas con esmero. Duerme en garaje al abrigo del frío y los rayos de sol. La lavas cada 15 días con una solución jabonosa y nunca se te olvida encerarla. Evitas aparcarla bajo los árboles llenos de pájaros porque sabes lo corrosivos que pueden ser sus excrementos y reparas cualquier arañazo en cuanto tienes un minuto para evitar que el óxido estropee la chapa y destroce la pintura. La pregunta que suelo hacer es muy sencilla: después de 60 años… ¿la pintura de cuál de los dos coches crees que estará en mejor estado? Seguramente habrás pensado como todo el mundo que la furgoneta tendrá mejor aspecto. Con los genes ocurre igual que con la pintura. Cada uno de nosotros nacemos con una pintura de serie, nuestros genes. Los hay más resistentes al paso del tiempo, a la oxidación, a las situaciones de estrés o a la falta de cuidados. Pero, independientemente de los genes que tengas, la salud de tu cerebro depende en gran medida del cuidado que le des. Lo veo a diario en mi trabajo. Unos buenos genes se ven fácilmente acorralados y vencidos por el tabaco, el colesterol o el estrés. Incluso en enfermedades con un alto componente genético como el Alzheimer, los investigadores cada vez encuentran más evidencias de que el cuidado que le des durante toda tu vida a tus neuronas puede ser determinante.

Vamos a finalizar nuestro viaje en la vieja Europa. Si preguntamos a los principales expertos del mundo en Alzheimer, muchos de ellos coincidirán en que el papel de cada uno de estos componentes en la prevención de esta enfermedad está todavía por demostrar. Ciertamente, aunque hay estudios que evidencian los beneficios del omega 3, también los hay que lo descartan, y lo mismo ocurre con la cúrcuma, el ejercicio físico o casi cualquier otro componente de la salud cerebral que queramos analizar. Es muy posible que el efecto de cada uno de estos componentes sea demasiado pequeño para ofrecer datos significativos. Precisamente por eso, una iniciativa europea para la prevención del Alzheimer que combina equipos de investigación de Países Bajos, Suecia, Finlandia y Francia está estudiando todos estos factores de manera combinada. El objetivo de estos investigadores es detectar si, más allá del efecto individual de un alimento u otro factor, un estilo de vida que beneficie al cerebro de manera global puede ayudar a prevenir el Alzheimer y otros tipos de trastornos neurodegenerativos. Los resultados de estas investigaciones son muy alentadores y están encontrando esperanza donde otros fracasan. Gracias a estos estudios sabemos que llevar un estilo de vida saludable para el cerebro puede ser muy efectivo para retrasar el envejecimiento cerebral, prevenir algunas de sus enfermedades y retrasar la aparición y progresión de otras. Algunos de los datos que arrojan las investigaciones centradas en estilos de vida saludables para el cerebro son tan contundentes que aseguran que se podrían prevenir más de 3 millones de casos de Alzheimer en el mundo reduciendo ciertos estilos de vida como fumar, la mala alimentación o el sedentarismo. Curiosamente varios estudios han encontrado que aquellas poblaciones con mayor resistencia a enfermedades neurológicas como los residentes de Okinawa, los monjes budistas o los naturales de la península de Nicoya en Costa Rica también figuran entre los habitantes más felices del planeta. Aunque todavía no sabemos identificar con total precisión qué componentes son más decisivos o cuál es el peso específico de cada uno de ellos, lo que la mayoría de los científicos tiene claro es que los hábitos y estilos de vida pueden alejar las enfermedades neurológicas y que la salud cerebral se puede potenciar.

5.
Las claves
de la salud cerebral

«No hay mejor muestra de inteligencia que la
capacidad para adaptarse al cambio.»

STEPHEN HAWKING

La salud cerebral es una disciplina tan novedosa que ni siquiera estoy convencido de que sea una disciplina. Los neurólogos, psiquiatras y psicólogos llevamos décadas estudiando cómo curar los males del cerebro. Asimismo, durante
estos años también ha habido un creciente interés por la
prevención de estos trastornos. Lo que se revela como una
novedad en los últimos años es la traducción de todo ese
conocimiento en materia de prevención en una concep-
tualización de salud cerebral como el conjunto de hábitos
y estilos de vida que pueden alejar las enfermedades y trastornos cerebrales. Los principios de la salud cerebral son,
fundamentalmente, 1) reducir factores de riesgo comunes

en el Alzheimer, el ictus y otros trastornos neurológicos que pueden provocar o acelerar la aparición y progresión de estos trastornos y 2) potenciar aquellos factores protectores que se han visto eficaces a la hora de prevenir o retrasar la aparición de estos trastornos, así como el deterioro intelectual asociado a estas enfermedades y el propio envejecimiento cerebral.

Todavía hoy son muchos los escépticos de la salud cerebral. Afortunadamente, son muchos más los entusiastas de las posibilidades que ofrece transmitir un concepto tan lógico como sencillo; la simple idea de que se puede cuidar el cerebro y la forma en la que este envejece con unos hábitos de vida equilibrados y saludables. El interés por esta área es tal que he podido encontrar muchísimas investigaciones que abordaban distintos aspectos de la salud cerebral, hasta el punto de que concluir el libro ha sido difícil, ya que cada mes aparecían nuevas e interesantes evidencias. Después de revisar cientos de artículos científicos sobre factores de riesgo y prácticas preventivas de distintos trastornos neurológicos, así como trabajos sobre el efecto de ciertos estilos de vida en las facultades mentales y el bienestar psicológico, me di cuenta de que estos tres campos estaban estrechamente relacionados, por lo menos en algunas características comunes. Con toda esa información, y centrándome en los puntos comunes, he desarrollado un modelo de salud cerebral con 6 áreas clave. Cada una de ellas ha demostrado un efecto beneficioso en la prevención de trastornos cerebrales o el deterioro cognitivo asociado al envejecimiento, así como importantes efectos sobre los estados de ánimo y las facultades mentales:

• Reserva cognitiva.
• Actividad física.
• Nutrición.
• Sueño.
• Manejo de emociones.
• Relaciones sociales.

Me hubiera gustado ordenar las áreas clave por orden de importancia, pero la realidad es que, como verás, la relevancia de cada una de ellas para tu salud cerebral depende más del grado de atención que le prestes que de otra cosa. Como veremos más adelante, para la persona que vive sola, cuidar sus relaciones sociales adquiere una importancia de primer orden, y para el que tiene sobrepeso la nutrición o actividad física pueden ser cruciales.

A continuación vamos a repasar juntos las 6 áreas clave en el cuidado del cerebro a lo largo de 7 capítulos (el manejo de emociones lo he dividido en dos capítulos). Confío en que de cada una de ellas puedas extraer fácilmente aplicaciones prácticas que te permitan potenciar tu salud cerebral.

6.
Aumenta
tu reserva cognitiva

«No tengo ningún talento especial. Solamente
soy apasionadamente curioso.»

ALBERT EINSTEIN

Si hay una estrategia que te puede ayudar a crear una auténtica barrera frente al envejecimiento cerebral y sus enfermedades, esa es aumentar tu reserva cognitiva. Pero, ¿qué es realmente la reserva cognitiva? La reserva cognitiva puede definirse como un factor de protección neuronal que permite al cerebro envejecer mejor, retrasar la aparición de enfermedades cerebrales o conseguir que avancen más despacio. La realidad es que todavía no entendemos por completo cómo se forma o la mejor manera de medirla, pero su efecto protector sobre el cerebro es innegable.

El concepto de «reserva cognitiva» nace de la observación de personas que habían sufrido lesiones cerebrales en el deporte. Mientras que algunos deportistas padecían problemas de memoria severos después de haber sufrido 3 o 4 contusiones, otros parecían ser más resistentes al mismo número de impactos. Después de estudiar a unos y otros, los psicólogos deportivos se dieron cuenta de que aquellos deportistas que habían llegado más lejos en los estudios, o que simplemente mostraban un mayor grado de inteligencia en pruebas de aptitud académica, tenían cierto grado de protección frente a las lesiones neurológicas. Mientras sus compañeros sufrían amnesia y otros síndromes neuropsicológicos, estos deportistas no sufrían ningún tipo de alteración intelectual. Estas observaciones llevaron a los científicos a acuñar el término de reserva cognitiva para designar esa resiliencia del cerebro a padecer problemas cognitivos secundarios al deterioro cerebral. La capacidad protectora de la reserva cognitiva está muy bien documentada y ha sido observada en personas con tumores cerebrales, ictus o enfermedades neurodegenerativas.

El sustrato biológico de la reserva cognitiva se encuentra en la capacidad del cerebro para crear nuevas conexiones entre sus neuronas. De hecho, la reserva cognitiva no se desarrolla, sino que, literalmente, se construye. Cada vez que una persona aprende algo nuevo, bien sea una nueva palabra en otro idioma, un atajo para llegar a su restaurante favorito, el gusto de una fruta que no había probado antes o simplemente el nombre de un nuevo compañero de trabajo, está creando nuevas conexiones neuronales o, lo que es lo mismo, nuevas sinapsis. Sabemos que las personas que más han viajado, que más idiomas hablan, que más lejos han llegado en la escuela o que cultivan aficiones, tienen un mayor número de conexiones cerebrales. Si esta mañana has leído una noticia en el periódico, has conocido a una nueva persona o simplemente has aprendido algo sobre el cerebro leyendo este libro, te puedo asegurar que has añadido varios miles de sinapsis a las que tenías ayer al acostarte. Cada una de esas nuevas sinapsis que construyes cada vez que aprendes algo nuevo tiene un pequeño peso y ocupa un espacio en tu cerebro. En este sentido, la expresión «el saber no ocupa lugar» es poco acertada. Aunque hablamos de cifras microscópicas, la suma de todos los aprendizajes que realices a lo largo de tu vida supone una parte considerable del volumen de tu cerebro y las diferencias de peso cerebral entre personas cultivadas y personas no cultivadas pueden llegar a ser significativas.

Reserva cognitiva y protección intelectual

Al igual que los ahorros que tengas en el banco te pueden ayudar a afrontar una época de escasos ingresos, **una buena reserva de conocimientos acumulada en tu cerebro puede ayudarte a resistir durante más tiempo el embate de enfermedades como el Alzheimer.** Puede parecerte sorprendente leer unos términos tan materialistas, pero la verdad es que tu cerebro funciona como una reserva bancaria acumulando conocimientos en forma de nuevas conexiones neuronales. Como ya has visto, cada nuevo aprendizaje que hagas (aprender el nombre de una nueva calle, una nueva receta de cocina o la cara de la nueva dependienta de la panadería) se traduce en el cerebro en cientos de conexiones sinápticas nuevas que te permitirán recordar esa nueva experiencia e incorporarla a tu vida. La suma de todas las conexiones que desarrollarás a lo largo tu vida configura lo que conocemos como reserva cognitiva.

Todos tenemos reserva cognitiva, pero, al igual que ocurre con las finanzas, unos son más ricos que otros. ¿Recuerdas a la hermana Bernadette? Te hablé de ella en el capítulo en el que recorrimos juntos el mundo de la salud cerebral. Ella hablaba varios idiomas, había trabajado toda su vida como profesora en institutos, escribía un diario, tenía formación universitaria, había viajado mucho y había mantenido una vida intelectualmente activa después de su jubilación, leyendo mucho y ocupándose de organizar su congregación religiosa. Cuando falleció sin ningún síntoma de padecer problemas de memoria, los investigadores descubrieron placas características del Alzheimer por su cerebro. Aparentemente, su cerebro pudo soportar el embate de la enfermedad durante unos años sin mostrar síntomas. Al igual que le ocurrió a la hermana Bernadette, hay casos muy conocidos, entre ellos políticos, deportistas y escritores que se han mostrado extraordinariamente resistentes frente a la enfermedad. Un ejemplo claro es Ronald Reagan, quien se mantuvo en la presidencia de Estados Unidos cuando el Alzheimer ya había comenzado a provocar problemas cognitivos. En España Pasqual Maragall, ya diagnosticado de esta misma enfermedad, fue capaz de mantener el cargo de *expresident* de la Generalitat y presidir la fundación que lleva su nombre durante años. En ambos casos, el hecho de que fueran personas muy cultivadas (y el hecho de tener un equipo de profesionales y una familia extraordinaria apoyándoles) les permitió desempeñar sus funciones y resistir a la enfermedad de una manera inusual.

Hoy en día, varias décadas después de que se empezaran a realizar los primeros estudios sobre reserva cognitiva con jugadores de fútbol americano, se ha comenzado a observar que la reserva cognitiva sigue protegiendo el cerebro de algunos de ellos. Si bien recibir repetidos impactos aumenta la vulnerabilidad natural del cerebro a sufrir demencia en la vejez y son muchos los jugadores de este deporte afectados por trastornos neurodegenerativos como el Alzheimer o el Parkinson, los investigadores han encontrado que esta tendencia no alcanza en el mismo grado a los deportistas con mayores niveles de estudios. Dicho en otras palabras, aquellos jugadores que más han cultivado su mente son menos vulnerables al envejecimiento cerebral y sus enfermedades.

Hace poco pude leer un estudio que aseguraba que un incremento del 5 % de reserva cognitiva puede reducir en un 30 % el riesgo de sufrir Alzheimer. Es un dato realmente esperanzador, ¿verdad? En un tono menos científico he llegado a leer que los jugadores de ajedrez son inmunes a esta enfermedad, o que la cantidad de músicos que la padecen es la mitad que en otras profesiones. A todas luces, parece que estos datos son exagerados, aunque sí hay indicios de que las personas que se dedican a estas actividades tienen un grado extra de protección. La realidad es que todavía no sabemos si la reserva cognitiva puede prevenir totalmente enfermedades neurodegenerativas como el Alzheimer. Mi opinión personal es que no, y el consenso científico indica que la reserva cognitiva no puede prevenir la enfermedad, aunque sí puede ayudar a retrasar su aparición, paliar sus síntomas y ralentizar su progresión.

Puede parecer *pecata minuta,* pero retrasar, paliar y ralentizar una enfermedad como el Alzheimer puede ser muy importante. Los que nos dedicamos a la clínica observamos los efectos protectores de la reserva cognitiva en nuestra práctica cotidiana. Por mi parte, he conocido a muchos pacientes que han sufrido lesiones cerebrales de todo tipo, y mientras que algunos de ellos han quedado devastados, otros se han repuesto y han conseguido llevar una vida relativamente normal. Si bien el tipo de lesión o la severidad de la misma determinan el pronóstico, cuando nos encontramos ante dos personas con lesiones prácticamente iguales, lo que determina en muchos casos la diferencia entre una buena recuperación y otra un poco peor suele ser el grado de reserva cognitiva. Por citar un ejemplo, las lesiones en regiones cerebrales relacionadas con el lenguaje suelen ofrecer escaso margen de recuperación, y en la mayoría de los casos el paciente padece una incapacidad total para hablar. Sin embargo, recuerdo varios casos en los que la recuperación superó todas las expectativas.

Los protagonistas de estos casos que han conseguido una buena recuperación contra todo pronóstico han sido profesores de literatura, filólogos y periodistas. De la misma manera que la hermana Bernadette pudo resistir el fuerte embate del Alzheimer durante más años, estos pacientes se beneficiaron de su reserva cognitiva para recuperarse de sus graves lesiones cerebrales. Igual que todos ellos, tú puedes expandir tu red de sinapsis y fortalecer la muralla de tu reserva cognitiva. Una idea que encuentro especialmente motivadora es que, si bien los recursos materiales y económicos del planeta son limitados, y, por tanto, no todo el mundo puede llegar a ser rico, la información circula libremente y el camino para el enriquecimiento intelectual está libre de obstáculos. En la era de la información resulta muy sencillo acceder a información nutritiva para la mente. Un carnet de biblioteca o una conexión a internet son suficientes para leer o incluso escuchar de primera mano a los grandes pensadores de todas las épocas de la humanidad. En este sentido, con el tiempo y la motivación necesarios tú puedes ser el próximo Rockefeller de la reserva cognitiva.

Son muchos los que me preguntan cómo pueden ejercitar la mente y prevenir la pérdida de memoria. La respuesta es relativamente sencilla y está al alcance de todo el mundo. Lejos de dedicar jornadas maratonianas a jugar al *brain training* y realizar sudokus, la manera más efectiva de cultivar la mente y construir reserva cognitiva es mantener la mente activa en las actividades cotidianas y aprender cosas nuevas. Con frecuencia las personas se sienten desilusionadas cuando les indico que el tipo de ejercicios que se encuentran en los pasatiempos o juegos de ordenador son poco efectivos para entrenar la mente y fortalecer la reserva cognitiva. La realidad es que, aunque muchos de ellos se anuncian como verdaderos protectores cerebrales, su grado de estimulación es muy limitado y no sabemos el efecto que pueden tener a largo plazo. Los pocos estudios neutrales indican que realizar muchos de estos ejercicios durante años puede suponer una pequeña ayuda. Sin embargo, debo insistir en que la mayor evidencia científica se ha encontrado en actividades más tradicionales como practicar una afición, relacionarse socialmente, aprender cosas nuevas o leer. Un reciente estudio demostró cómo las personas que incluían más actividades estimulantes en su vida cotidiana presentaban en su vejez una menor cantidad de placas Beta amiloide (depósitos de proteína que aparecen en el Alzheimer). De hecho, son varias las investigaciones que señalan que este efecto aumenta en la medida en que estas actividades que estimulan la mente y ayudan a construir reserva son más regulares y precoces. Una fácil lectura de lo que acabamos de ver es que tomarte en serio la estimulación de tu mente a los 30 o 40 años te ofrecerá mayor nivel de protección que comenzar a los 60.

Aprende cosas nuevas

Si hay un punto en el que los teóricos de la reserva cognitiva coinciden es en afirmar que la mejor manera de construir reserva cognitiva es exponer al cerebro a situaciones novedosas y relativamente complejas. Para algunos divulgadores este principio funciona como el dogma central de la salud cerebral. He podido leer libros dedicados por completo a explicarte cómo hacer de cada situación cotidiana una experiencia novedosa: desde ir al trabajo cada día por un camino distinto hasta reorganizar tu mesa de trabajo una vez a la semana.

Aunque creo que el cerebro va a encontrar estos métodos poco eficaces y algo ridículos, la realidad es que la base teórica sobre la que se sustentan tiene mucho sentido. Son tres los principios que considero importantes para crear reserva cognitiva a través del aprendizaje. En primer lugar, la *novedad* de lo que aprendemos es crucial porque obliga a tu cerebro a crear nuevas conexiones que permitan asimilar estos nuevos conceptos. En este sentido, cuanto más novedoso sea lo que aprendas, mejor. Cambiar tu pan favorito por otro de la misma panadería no supone mucha novedad en tu vida, y, sin embargo, aprender a hacer pan en tu casa puede ser una actividad mucho más novedosa, ya que tus ojos, manos y lengua van a aprender las cantidades de cada ingrediente, descubrir la sensación de amasar y degustar el sabor de pan recién hecho con tus propias manos. En segundo lugar, tenemos la importancia o *significación* que tenga para tu vida. El hecho de que lo que aprendas sea importante para ti (bien porque lo puedas aplicar en tu día a día o porque despierte tu interés) asegura que lo recuerdes mejor y que llegue a formar parte de tu red permanente de neuronas. Para que puedas recordar este segundo punto y lo incorpores a esta red de neuronas te daré un ejemplo que puedas asociar a tu vida: es posible que aprendieras la lista de los reyes godos o las declinaciones latinas. Fueron difíciles de aprender y fáciles de olvidar porque no significaban nada especial para ti ni despertaban tu interés. Sin embargo, la receta de tu plato favorito o la alineación de tu equipo de fútbol fácilmente hacen un hueco en tu cerebro y se anclan a tus recuerdos de una manera eficaz porque es información que tú consideras importante o, al menos, interesante. Finalmente, cuanto más difícil o compleja sea la tarea, mayor número de neuronas se verán implicadas en su aprendizaje y mayor número de sinapsis deberán ser construidas para edificar su recuerdo. Con estos datos en la mano, cuando me preguntan sobre la eficacia de hacer sudokus y crucigramas suelo ofrecer la siguiente respuesta: «No lo sé. ¿Hacer esos crucigramas es algo novedoso, complejo e importante para ti?». Solo estas tres condiciones aseguran que estimules conexiones en la corteza cerebral, la región de tu cerebro en la que se construye la reserva cognitiva. Por lo tanto, si quieres una buena recomendación para construir reserva cognitiva, es que busques actividades que reúnan esas tres características. Puede ser aprender un nuevo idioma, desarrollar una afición que suponga nuevos y estimulantes desafíos, aprender un nuevo deporte, comenzar una nueva colección o aprender a tocar un instrumento. Sea lo que sea lo que te motive, llévalo al terreno del aprendizaje y vívelo como un reto en el que superarte día a día. Además de llenar tu cerebro de nuevas conexiones, darás un mayor sentido a tu vida.

Desarrolla el lenguaje

Desde la más tierna infancia el desarrollo del lenguaje está relacionado con un mayor desarrollo intelectual en general y un mayor nivel de protección cerebral. Desde hace tiempo sabemos que los niños bilingües o que desarrollan el lenguaje de signos en paralelo al lenguaje hablado tienen un cociente intelectual más alto. Reafirmando la teoría de que a mayor desarrollo intelectual mayor reserva cognitiva, hace poco pude leer un estudio que encontraba menores índices de Alzheimer entre personas mayores que habían tenido una infancia bilingüe.

Otros datos que apoyan el desarrollo del lenguaje en la lucha contra el envejecimiento cerebral son aquellos que aseguran que entre las personas analfabetas el Alzheimer se presenta a edades más tempranas, o los que indican que las personas con hábitos férreos de lectura, las que redactan un diario o las que escriben poemas parecen alejar la pérdida de memoria asociada al envejecimiento y sus enfermedades.

Leer y escribir ayuda enormemente al desarrollo del lenguaje, te traslada a otros países o realidades, te expone a nuevas ideas y potencia la imaginación. Por todo ello parece lógico que las actividades descritas contribuyan al arsenal de conocimientos de tu mente y la construcción de una sólida reserva cognitiva. Esta es la razón por la que, de todos los pasatiempos para la mente, los crucigramas sean los que más recomiendo. Por esto y porque mi abuela, que completó un crucigrama al día durante toda su vida adulta, falleció con 99 años con la mente más lúcida que yo he visto en una persona de su edad.

Ejercita la memoria

La memoria se encuentra en primera línea de ataque del envejecimiento del cerebro y de muchos trastornos neurodegenerativos. Casi cualquier condición neurológica lleva asociada una pérdida de memoria, y precisamente por ello ejercitar tu memoria con sencillas estrategias puede ayudarte a reforzar tu reserva cognitiva y hacer frente al envejecimiento y sus enfermedades.

Anteriormente he hecho referencia a que escribir un diario puede alejar la pérdida de memoria. Se ha demostrado en diversos estudios que tomar notas sobre algo que hemos experimentado puede ayudar a mejorar la memoria de una manera muy significativa. En estudiantes de universidad, el uso de apuntes y diarios aumenta claramente las posibilidades de aprobar, y casi duplica la probabilidad de sacar una nota elevada. Por su parte, el uso de diarios en la vida adulta puede ayudarte a aumentar tu capacidad para recordar los eventos cotidianos de tu día a día, incluidas actividades de ocio, conversaciones o futuras citas médicas. Cuando hablo de diarios no limito la acepción a los cuadernos escritos a mano. Cada vez son más las personas que relatan su día a día a través de Facebook y otras redes sociales. La doctora Alloway, del Centro de Memoria y Aprendizaje Vital de la

Universidad de Stirling (Escocia), ha sido pionera en estudiar el efecto de las redes sociales en la memoria. De acuerdo con sus investigaciones, Facebook y otras redes sociales basadas en componer y compartir episodios de tu vida desarrollando textos y subiendo fotos ayuda a mejorar tu capacidad para aprender y compartir información. Por si esto fuera poco, al igual que ocurre con los diarios, el mero hecho de redactar una entrada sobre tu vida puede hacer que esa experiencia esté más accesible al recuerdo años después de que ocurra. He podido comprobar esta realidad cuando mis amigos pioneros en el uso de Facebook han hecho referencias a eventos que yo no recuerdo pero que ellos tienen bien documentados en sus redes sociales. Efectivamente, el fácil acceso que tienen a sus cuentas les permitió demostrar lo que yo había olvidado, como, por ejemplo, que había estado comiendo en un pueblo que yo hubiera jurado que nunca había pisado. La realidad es que todos recordamos mejor lo que queda documentado para la posteridad, como aquella visita de la infancia al zoo de la que guardamos fotografías o la función de Navidad que grabamos en vídeo por primera vez. Conservar estos documentos te ha permitido refrescar su recuerdo una y otra vez. Aunque te pueda parecer una obviedad, la realidad es que escribir un diario, llevar al día los álbumes de fotos familiares o contar tu propia historia a través de las redes sociales se encuentran entre las técnicas más eficaces para fortalecer tu memoria y afrontar con éxito el envejecimiento cerebral.

Despierta tu curiosidad

Como reza la cita al principio de este capítulo, Einstein no se consideraba inteligente, sino apasionadamente curioso. Junto con la imaginación, la curiosidad era un tema de reflexión constante para este genio, que llegó a considerarla sagrada y el vehículo de transporte para llegar al conocimiento.

La curiosidad es como un barco que te puede llevar a cualquier puerto. La capacidad para sorprenderte e imaginar lo que puede estar detrás de un fenómeno es lo que motiva el desarrollo científico, político o filosófico, al igual que puede hacerlo con tu desarrollo intelectual.

Hace poco pude leer una investigación bien desarrollada que señalaba cómo los niños que tenían altos niveles de curiosidad se convertían en adultos con un mayor desarrollo intelectual. En concreto, este interesantísimo estudio encontró diferencias de 12 puntos en el cociente intelectual entre aquellos adultos que de niños mostraron altos niveles de curiosidad en comparación con aquellos que mostraron una baja tendencia hacia el asombro. Todos los seres humanos tenemos la facultad de sentir curiosidad. Algunas personas la cultivan en el vil arte del cotilleo, que no es otra cosa que sentir curiosidad por la vida de los demás y utilizar luego esa información para despellejar a sus vecinos (una de las actividades preferidas por el ser humano). Otras personas sienten un interés más noble por los demás y proyectan su curiosidad hacia las relaciones sociales; son grandes oyentes y conversadores y tienen una vida rica en amistades y eventos sociales. Otros expresan mejor sus sentimientos a través de la pintura, la escultura, la escritura o la danza y dan rienda suelta a su curiosidad a través de la pura creatividad. Finalmente, los más introvertidos sienten fascinación por lo que se esconde detrás de las cosas y son incansables lectores o investigadores de la forma en la que el mundo funciona. Estos últimos son los que obtienen más beneficios intelectuales de su curiosidad, ya que les lleva a tener áreas de interés muy diversas en las que llegan a profundizar, hasta el punto de adquirir a lo largo de su vida un sinfín de conocimientos que incorporan a su reserva cognitiva. Son varios los estudios que indican que cuanto mayores sean tus niveles de curiosidad, mayor será tu desarrollo intelectual. Esta norma se cumple desde la infancia y nos acompaña durante toda la vida. En este sentido, la capacidad para sentir asombro es una fuente de nuevos aprendizajes y de construcción de la reserva cognitiva.

Si te has sentido identificado con el grupo de niños poco curiosos, la buena noticia es que la curiosidad se puede cultivar, o más bien despertar a cualquier edad. Los estudiosos de la curiosidad saben que las acciones sencillas pueden desperezarla. Un buen primer paso es no apagar la llama de la curiosidad. Para ello es importante satisfacer tus deseos de saber y conocer siempre que surja la necesidad. Mi madre siempre nos pedía que buscáramos en la enciclopedia las respuestas a nuestras preguntas; así nos acostumbró a que satisficiéramos nuestra curiosidad por nuestros propios medios. Conozco a muchas personas que pueden preguntarte si sabes el nombre de un actor o un restaurante y, ante una respuesta negativa, cesan en su empeño de conocer la respuesta. En un mundo donde el acceso a Internet es fácil, responder casi a cualquier pregunta o contactar con la persona que conoce la respuesta es cuestión de segundos, y mientras que no hacer este pequeño esfuerzo puede contribuir a apagar la llama de la curiosidad, dar con la respuesta te llenará de satisfacción y ayudará a mantener viva tu curiosidad.

Además de intentar conseguir siempre la respuesta que ha surgido en tu mente, hay otros trucos que pueden ayudar a despertar tu curiosidad:

- **Rodéate de libros:** La lectura es una fuente de descubrimientos fascinantes y, si es suficientemente interesante, va a suscitar en ti el interés por mucho de lo tratado en el libro, hasta el punto de llevarte a investigar más a fondo ciertos temas. Cuando termines de leer este libro encontrarás unas lecturas sobre cada uno de los capítulos dedicados a las 6 áreas clave de la salud cerebral. Espero que te ayuden a satisfacer la curiosidad que este libro haya podido despertar en ti y ayudarte a seguir cultivándola.
- **Déjate sorprender:** La juventud, con su fascinación por la novedad, da paso a una etapa de madurez en la que tendemos a construir una burbuja de seguridad que nos permite movernos en un terreno conocido y aporta tranquilidad a la vida. El que con 18 años se acomodaba en un catre en casa de cualquier conocido para participar en las fiestas regionales del pueblo de su amigo difícilmente

se conforma con una habitación destartalada y expuesta a una calle ruidosa con 50. Es tan solo un ejemplo y, sin embargo, muchos se habrán identificado con él. Todos nos volvemos más rígidos con la edad, pero perder esa capacidad para la improvisación resta oportunidades para que salgas de tu rutina y te vuelvas a asombrar. Por el contrario, entregarte a la aventura y probar cosas nuevas puede aportarte experiencias únicas, novedosas y muy enriquecedoras para tu cerebro.

- **Conversa con personas con otro punto de vista:** Al igual que ocurre con nuestra burbuja de actividades, a medida que nos hacemos mayores tendemos a reducir el círculo de amistades y perder contacto con personas que piensan distinto que nosotros. A todos nos ha pasado que en algún momento de la vida hemos perdido el contacto con personas cuya situación vital, ideas políticas, intereses culturales o de ocio eran distintos a los nuestros. Es natural que si tienes hijos te resulte más cómodo asociarte con otros padres en la dura tarea de la crianza, o que si eres un apasionado de la música y no puedes permanecer despierto en una sesión de cine cultives amistades entre los habituales de las salas de conciertos y te acabes distanciando de los cinéfilos. Sin embargo, de lo que poca gente se da cuenta es del empobrecimiento que para su cerebro puede suponer perder el contacto con personas con otro punto de vista. Ser capaces de ver la vida con otro prisma, aunque finalmente nos quedemos con el propio, es tremendamente enriquecedor desde la perspectiva de la estimulación cognitiva, y estar en contacto con personas variopintas y de ideología diversa puede ser la mejor manera de conseguirlo.

Otras ventajas de la reserva cognitiva

Además de los beneficios que puedes obtener en la lucha contra el envejecimiento y sus enfermedades, una mayor reserva cognitiva ofrece otra serie de ventajas. Es posible que hayas observado cómo a algunas personas se les ocurren siempre las ideas más brillantes, resuelven situaciones cotidianas sin apenas esfuerzo y a la vez son capaces de cosechar el éxito una y otra vez donde otros han fracasado. La reserva cognitiva puede estar detrás del éxito de estas personas que a todos nos suscita tanta envidia como admiración.

Intenta pensar en la forma en la que te has vestido esta mañana. Seguramente no lo recuerdes porque lo has hecho con el piloto automático mientras pensabas en la agenda de actividades que tenías programada para el día de hoy. A pesar de que tareas como abrochar botones, lazar cordones o ajustar calcetines requieren una compleja coordinación de movimientos, vestirte es un acto tan entrenado que no te supone apenas algún esfuerzo. A lo largo de tu vida has llevado cientos de pantalones, calcetines, camisas o faldas y tu cerebro está programado para ponerte casi cualquier variedad de estas prendas con un bajo coste de atención. De una manera similar, una mente muy cultivada puede ayudarte a realizar operaciones relativamente complejas de una forma casi automática. Las personas con mayor reserva cognitiva obtienen un doble beneficio de toda la experiencia que acumulan sus redes neuronales. Por una parte, son capaces de enfrentarse a tareas cotidianas con menor esfuerzo. En el caso de encontrarse ante un problema relativamente sencillo, sus circuitos neurales se enfrían y la persona puede enfrentarse a la tarea en modo piloto automático con un bajo coste de energía. Sin embargo, cuando se encuentran frente a tareas muy complejas o desafiantes, su cerebro es capaz de desplegar y coordinar más circuitos cerebrales de lo normal, lo que se traduce en una mayor probabilidad de éxito. Si las tareas relativamente sencillas te aburren y los desafíos te estimulan y despiertan todas tus habilidades, es muy posible que estés disfrutando de una buena reserva cognitiva. Si, por el contrario, los desafíos te abruman y prefieres tareas sencillas y cotidianas, puede que te convenga fortalecer tu reserva cognitiva.

Aunque creo sinceramente que la inteligencia está sobrevalorada por una sociedad excesivamente competitiva y que deberíamos potenciar otras cualidades como la solidaridad, la intuición o la empatía, la realidad es que los conocimientos ofrecen ventajas a quienes los acumulan. Son muchos los estudios que indican que unos mayores niveles de inteligencia o cociente intelectual facilitan la vida en algunos aspectos. A grandes rasgos, podríamos decir que a las personas del montón nos va mejor la vida si tenemos un mayor nivel de conocimientos, tal y como indican estudios que relacionan cocientes intelectuales elevados con mayores niveles de éxito académico, empleabilidad, ingresos, promoción laboral o mayor adaptabilidad a cambios en la vida.

La estimulación cognitiva es una piedra angular de la salud cerebral. Estimular tu mente participando de manera activa en las responsabilidades diarias es para muchas personas una manera efectiva de mantener su cerebro en forma. Si además quieres ofrecer un grado de protección extra a tus neuronas frente al envejecimiento y sus enfermedades o quieres potenciar tu inteligencia y recursos intelectuales, la mejor forma de hacerlo es aumentar tu reserva cognitiva. La importancia de la construcción de reserva cognitiva es tal que algunas comunidades de mayores del más alto nivel han añadido a sus clubs sociales y campos de golf aulas de formación donde sus miembros pueden participar en cursos y seminarios dirigidos a estimular su mente a través del aprendizaje. Para fortalecer esta barrera natural frente al deterioro cerebral puedes utilizar tu curiosidad innata e involucrarte en aprendizajes que despierten tu interés, supongan un descubrimiento y un desafío a la vez. Elegir actividades que cumplan estos tres requisitos es la mejor manera de garantizar que tu cerebro desarrolle nuevas conexiones, refuerce las ya existentes y te permita alcanzar todo tu potencial cerebral.

CONSEJOS PRÁCTICOS

Estimular la mente y desarrollar reserva cognitiva puede ser una excelente barrera frente al deterioro cognitivo y un potenciador de tus facultades mentales. A continuación puedes leer unos consejos prácticos que te ayudarán a lograrlo:

- Aprende una cosa nueva todos los años. Busca entre tus intereses abandonados aquello que siempre quisiste saber hacer y nunca aprendiste. Puede ser un curso de pintura, una nueva profesión, un idioma o un deporte. No tiene que tener una aplicabilidad práctica, simplemente desarrollar tu interés y tus ganas de aprender. Con esta sencilla fórmula llenarás tu mente de nuevos estímulos y tu espíritu de motivación.
- Mantente activo en tantos aspectos de la vida como te sea posible.
- Intenta innovar en tu día a día. Probar nuevas recetas de cocina, cambiar el tipo de libro que lees, variar el restaurante que visitas en el trabajo o la cafetería en la que quedas con tus amigas aportará nuevas conexiones neuronales a tu vida.
- Invierte más tiempo en la realización de tus actividades cotidianas, responsabilidades y aficiones, y menos en sudokus y crucigramas.
- En el ámbito laboral, busca actividades novedosas o que te supongan nuevos retos.
- Cultiva nuevos intereses. Abre los ojos al mundo que te rodea, a los intereses de tus amigos, a las cosas que no entiendes y profundiza en todos esos campos tanto como puedas.

- Aprende a tocar un instrumento. Desarrollar esta habilidad parece ser uno de los aprendizajes que más puede proteger tu cerebro del deterioro cognitivo.
- Lee muchos libros. La lectura es una excelente manera de desarrollar el lenguaje, la imaginación y vivir nuevas experiencias a través de sus personajes.
- Escribe. Bien sea poesía, tus memorias o una novela, escribir implica un complejo juego de ordenar palabras y echar mano de viejos recuerdos que pueden ayudarte a conservar tu memoria viva y ágil durante más años.

7.
Ejercita tu corazón

«Los que no tienen tiempo para el ejercicio tendrán que encontrarlo para la enfermedad.»

EDWARD SMITH-STANLEY

Cada minuto pasa un litro de sangre por tu cerebro. Solamente tienes que abrir el grifo y esperar a que se llene una botella de agua para apreciar que un litro es una cantidad importante de líquido. La razón de que tu cerebro necesite tanta sangre cada minuto es que las neuronas son auténticas devoradoras de oxígeno. A diferencia de otras células del cuerpo que tienen unos ritmos metabólicos lentos, las neuronas funcionan a una velocidad trepidante y su ritmo de trabajo es casi constante, por lo que necesitan un aporte de oxígeno muy elevado. Para satisfacer sus necesidades de oxígeno, tu corazón envía al cerebro una sexta parte de la sangre que sale impulsada en cada latido. En términos de consumo de energía, el cerebro es el alto horno de tu organismo, ya que con únicamente una cincuentava parte del peso corporal consume una quinta parte de todo el oxígeno que entra en tus pulmones.

Teniendo en cuenta los datos que acabas de leer, no creo que te sorprenda conocer que, más que ninguna parte del cuerpo, tus neuronas y cerebro necesitan un corazón fuerte y unas arterias en buen estado para funcionar a pleno rendimiento. Pero quizá sí te sorprenda descubrir que el ejercicio físico se encuentra en la primera línea de fuego para combatir el envejecimiento cerebral y enfermedades como el Alzheimer.

Camina por tu cerebro

Cada vez tenemos más información que reafirma la importancia del ejercicio en el cuidado del cerebro. Los últimos descubrimientos científicos están poniendo de relevancia las propiedades neuroprotectoras de una actividad física moderada, tanto en la prevención de enfermedades como en el retraso del deterioro intelectual que tiene lugar a medida que nos hacemos mayores. La importancia del ejercicio físico en el cuidado del cerebro es tal que, si tuviera que dar un único consejo a una persona que quiere frenar el envejecimiento cerebral y prevenir sus enfermedades, le diría que se asegurara de caminar una hora todos los días.

La razón es muy sencilla: cada centímetro cúbico de oxígeno es tan importante para tu mente como los rayos de sol para una planta, y no hay mejor manera de fortalecer el corazón, mantener limpias tus arterias y garantizar un buen flujo de sangre al cerebro que realizar ejercicio físico de una manera regular.

La pérdida de memoria preocupa a muchos de los que han pasado de los 50 años, aunque comienza mucho antes. Es posible que ya hayas notado los primeros síntomas, como por ejemplo la sensación de tener una palabra en la punta de la lengua. Hasta hace muy poco no llegábamos a entender por qué algunas personas sanas (sin Alzheimer) con 70 años parecen recordar casi todo y otras casi nada. Hoy sabemos que, por encima de la influencia de los genes o el cociente intelectual, la cantidad y potencia con la que la sangre entra en tu cerebro es el factor más determinante de la aparición de problemas de memoria asociados a la edad. La explicación es muy sencilla: las neuronas que se ocupan de recordar información, las que componen tu memoria, se encuentran en la parte más externa del cerebro, la zona más distante del corazón, y, por lo tanto, son las primeras en sufrir una reducción en el caudal o potencia del flujo de sangre en tu cerebro. En este sentido, el ejercicio aeróbico de manera regular puede ralentizar la tasa de muerte neuronal, y ayudarte a reducir a su vez las alteraciones cognitivas más comunes asociadas al envejecimiento, como los problemas de memoria, las dificultades para encontrar palabras y el enlentecimiento o falta de reflejos mentales.

Además de ralentizar la tasa de envejecimiento cerebral, ejercitar tu corazón puede ser un poderoso aliado frente al

Alzheimer. Un reciente estudio descubrió cómo, entre todos los componentes de un estilo de vida saludable para el cerebro, que incluía aspectos nutricionales o de estimulación intelectual, social y emocional, realizar ejercicio aeróbico de manera regular era el que más relación tenía con la reducción de la vulnerabilidad del cerebro frente al Alzheimer. Hace ya tiempo que sabíamos que las personas con hipertensión, fallos cardiacos o pequeñas faltas de riego eran más vulnerables al Alzheimer que las personas con un sistema cardiovascular sano, pero la posibilidad de retrasar su aparición con el ejercicio físico es algo revolucionario. Como este y otros estudios han demostrado, unas neuronas bien oxigenadas suponen una primera línea de defensa ante el ataque de enfermedades neurodegenerativas.

Todavía no sabemos hasta qué punto el ejercicio puede prevenir o meramente retrasar la aparición del Alzheimer. Los estudios más optimistas aseguran que puede reducir tus probabilidades de sufrirlo en un 20%. Sin embargo, las enfermedades neurodegenerativas son solo una parte de los riesgos neurológicos que pueden verse aplacados por el ejercicio físico. Sin lugar a dudas, el mayor beneficio que tu cerebro puede obtener de una práctica física regular es el de reducir dramáticamente el riesgo de sufrir un ictus o accidente cerebrovascular. Como ya vimos en el capítulo 2, estos accidentes son la forma más común de daño neurológico y la primera causa de muerte entre mujeres. Si el 20% que he señalado hace un momento no ha llamado tu atención ni ha despertado tu interés por el ejercicio físico, quizá lo haga saber que mantener una actividad física regular puede reducir tus probabilidades de sufrir un ictus en un 80 %. Aunque hay un pequeño porcentaje de casos que no se pueden prevenir, son muchos los pacientes que veo en mi centro de rehabilitación incapaces de hablar, caminar o valerse por sí mismos que darían su mano derecha (que ahora no pueden utilizar) por haber conocido y puesto en práctica esta recomendación.

Con todo lo revisado hasta el momento, espero que te haya quedado claro que unas neuronas bien oxigenadas en tu corteza son más resistentes ante el avance de enfermedades neurodegenerativas o el propio envejecimiento natural de tu cerebro y que realizar ejercicio físico es la mejor manera de mantener el riego sanguíneo cerebral en condiciones óptimas.

Comenzar a hacer ejercicio físico a los 60 años puede ser de gran ayuda, sobre todo si no se ha hecho antes, aunque la prematuridad de la actividad física parece ser muy importante en la lucha contra el deterioro cerebral. Hay varios estudios que relacionan la cantidad de ejercicio que hiciste en la juventud (hasta los 20-25 años) y al comienzo de tu vida adulta (hasta los 40-45 años) con un menor riesgo de sufrir Alzheimer. En la misma línea, parece que la intensidad del ejercicio redunda en favor de aquellos que practican un ejercicio moderado (hacer footing o caminar deprisa) frente a aquellos que realizan un ejercicio suave (pasear), aunque todos los estudios coinciden en que, por encima de la intensidad, la clave del éxito está en la regularidad. En este sentido, cuanto antes comiences a hacer ejercicio y más regular seas mayores serán los beneficios que obtendrás de cara a combatir el envejecimiento cerebral.

Actividad física para fortalecer tu mente

Si ejercitar tu corazón es importante para prolongar la vida de tu cerebro, no lo es menos para mantener tu mente activa. Son muchos los descubrimientos e investigaciones que señalan el ejercicio aeróbico como un poderoso aliado en el desarrollo y mantenimiento de las funciones intelectuales. Desde la más tierna infancia el ejercicio parece tener un efecto beneficioso sobre el intelecto. Los estudios realizados con niños indican que un mayor nivel de exposición al ejercicio físico y al deporte suele derivar en mayores habilidades lingüísticas, matemáticas y un mayor rendimiento académico en general. Por otra parte, varios estudios han demostrado que en niños con fracaso escolar un programa estructurado de actividad deportiva ayudaba a aumentar sus niveles de concentración, organización y planificación, así como su rendimiento escolar. Los científicos creen que en estas edades el juego y el deporte promueven la cooperación, la capacidad para compartir, así como la capacidad de control y atención a las normas, lo que posiblemente se traslade al entorno del aula.

En adultos sanos, el ejercicio aeróbico puede aumentar la secreción de una serie de neurotransmisores que ayudan a mejorar tu memoria. La epinefrina, la serotonina y la dopamina que aparecen después de la actividad física ayudan a almacenar información en la memoria, así como a hacer que esa información esté más accesible para el recuerdo.

Los mayores beneficios del ejercicio físico se observan en personas mayores. Repetidos estudios demuestran que el ejercicio físico actúa como un factor protector contra la pérdida de memoria y de reflejos mentales asociada al envejecimiento. De acuerdo con lo que hemos explicado, parte del mérito de esta mejor conservación cerebral lo tiene el flujo extra de oxígeno que llega al cerebro gracias a un corazón fuerte. Sin embargo, hace unos pocos años un descubrimiento que revolucionó el mundo de la neurociencia ligó definitivamente actividad física y desarrollo intelectual, haciendo más propio que nunca el lema *Mens sana in corpore sano*. El descubrimiento del que te hablo es el de que la actividad física estimula la secreción de una proteína llamada BDNF, que estimula el crecimiento neuronal. Aunque la inmensa mayoría de neuronas se forman durante la infancia y nos acompañan toda la vida, esta proteína es capaz de favorecer la creación de nuevas neuronas gracias a su capacidad para el desarrollo neuronal. Esta propiedad tan preciosa tiene dos efectos en tu cerebro. En el hipocampo, la región más importante para la memoria y el recuerdo y la primera que se ve atacada por el Alzheimer, la BDNF se encuentra en grandes cantidades y se asocia con células madre para crear nuevas neuronas que pueden mejorar tu memoria y ayudarte a hacer frente a esta enfermedad. En la corteza cerebral, también conocida como sustancia gris, ayuda a crear nuevas sinapsis (una conexión entre dos neuronas) y a modificar

nuevas redes neurales (la forma que tiene el cerebro de asociar ideas y conceptos). Todo ello te permite mantener, reparar y desarrollar la materia gris; la parte de tu cerebro que
te hace pensar, y te ayuda a aprender de tus errores y a que
tu cerebro se adapte al mundo cambiante que te rodea. Asimismo, la BDNF desempeña funciones de mantenimiento,
repara aquellas neuronas dañadas, lo que puede ser de vital
importancia, teniendo en cuenta que la mayoría de tus neuronas deberán vivir tantos años como tú mismo.

Como demuestran las investigaciones, el ejercicio físico
puede ser mucho más que una fuente de oxígeno, proteínas
y hormonas neurosaludables. Son varios los estudios que
indican cómo ciertas actividades físico-deportivas pueden
suponer una fuente de estimulación cognitiva. Así, las actividades aeróbicas que exigen coordinación psicomotriz (como
hacer surf, jugar al tenis o la gimnasia rítmica) y sobre todo
las que combinan trabajo en equipo, ejercicio aeróbico y
coordinación (baloncesto, fútbol, bailes de salón) han demostrado científicamente que pueden ayudar a estimular
tu mente. Gracias a la complejidad de estas actividades, la
puesta en marcha de complejos sistemas de coordinación
y aprendizaje durante su realización parece desarrollar una
gran cantidad de conexiones por todo el cerebro, aumentando tu reserva cognitiva y ofreciéndole una barrera extra frente al envejecimiento y las enfermedades neurodegenerativas.

Bien sea por el mayor aporte de oxígeno al cerebro, por el
aumento de la proteína de crecimiento cerebral o por los beneficios del aprendizaje motor en tu cerebro, los resultados

de las distintas investigaciones están de acuerdo en señalar que ejercitar tu cuerpo (especialmente con ejercicio aeróbico y de coordinación) puede ayudar a mejorar tu rendimiento intelectual y retrasar el deterioro asociado al paso del tiempo.

Activa tu ánimo con el ejercicio físico

Evitar emociones negativas y fortalecer emociones positivas es un componente principal de la salud cerebral y el ejercicio físico es un apoyo inestimable para lograrlo. Poner tu cuerpo en marcha promueve la secreción de hormonas y neurotransmisores que te hacen sentir bien, reduce respuestas de defensa de tu organismo que literalmente te paralizan, aumenta tu nivel de energía y bloquea los pensamientos negativos o preocupaciones.

Cuando haces ejercicio físico, tu cerebro segrega una serie de sustancias que diluyen los estados anímicos negativos. Una de las primeras en aparecer es la endorfina, una hormona de la familia de los opiáceos que inmediatamente relaja tu cuerpo y bloquea otros neurotransmisores relacionados con sentimientos negativos. Aunque el efecto de las endorfinas pasa relativamente rápido, su capacidad para aliviar el estrés y la tristeza es tan grande que es prácticamente imposible experimentar malestar emocional mientras estás practicando deporte. Una manera útil de utilizar esta información en tu día a día es practicar un poco de ejercicio después de una jornada difícil en el trabajo o una discusión familiar, ya que puede bloquear que se acumule el resentimiento o se produzca una escalada de pensamientos negativos, ayudándote a restablecer tus niveles anímicos normales. Gracias a las investigaciones sabemos que realizar ejercicio físico de manera regular aumenta la capacidad de tus neuronas para «asimilar» esta hormona, por lo que cuanto más frecuente sea la actividad que practiques (independientemente de que sea Kick-Boxing, maratón o bailes de salón), mayor capacidad tendrás para estar relajado y evitar que los problemas cotidianos hagan mella en tu estado anímico.

Otro agente que puede ayudarte a mantener un buen estado de ánimo y que se activa al realizar ejercicio es la serotonina. Como ya hemos visto, este neurotransmisor ayuda a mejorar la memoria, pero su mayor valor reside en su capacidad para mejorar el estado de ánimo. A diferencia de las endorfinas, que suavizan cualquier malestar, la serotonina potencia tus emociones positivas y te hace experimentar una sensación placentera de bienestar. Su impacto sobre tu estado de ánimo es tan positivo que se la conoce como la hormona de la felicidad. Seguramente ya conoces sus efectos sobre el ánimo, ya que son los que experimentas cuando te has dado una buena carrera, has ascendido a la cima de una pequeña montaña, has saboreado una onza de chocolate o has soltado unas cuantas carcajadas en compañía de unos amigos. Es felicidad en estado puro, y el ejercicio físico es lo que más te puede ayudar a regular y aumentar su presencia en tu cerebro.

Con frecuencia los estados de ánimo alterados se inician o aparecen acompañados por una falta de energía vital. Si has pasado por una época difícil o simplemente has tenido unos días malos por un disgusto o contratiempo, recordarás cómo tu nivel de energía parecía haberse bloqueado. Las personas deprimidas no solo se sienten tristes, sino que también sufren un descenso de su nivel de energía hasta el punto de maniatar su voluntad. Cada día son más los psiquiatras y psicólogos que se apoyan en el ejercicio físico para reactivar los niveles de energía mental, atajar alteraciones en el estado de ánimo como la depresión y el estrés, así como para prevenir recaídas. Instituciones médicas de gran prestigio como la Clínica Mayo o fundaciones dedicadas a mejorar la calidad de vida de las personas abogan por combatir el sedentarismo y promover el ejercicio físico para prevenir condiciones de salud que afectan a tantas personas, como el estrés, la ansiedad o la depresión. Hay dos neurotransmisores que te ayudan a regular tus niveles de energía y estrés: la dopamina y la epinefrina. El primero interviene en la regulación de los ciclos de sueño facilitando un descanso más pleno por la noche y un mayor nivel de energía durante el día. Los niveles dopaminérgicos pueden incrementarse con una actividad física moderada, permitiendo que tu energía vital fluya de manera adecuada entre el día y la noche y previniendo los efectos adversos del agotamiento. Por su parte, la epinefrina es un neurotransmisor cuya principal función es facilitar las respuestas de lucha. En este sentido, permite que puedas afrontar una situación difícil como una dura jornada de trabajo, un madrugón intempestivo o un enfrentamiento con el jefe con energía y valentía. Sin embargo, cuando las situaciones difíciles son habituales y la lucha es demasiado frecuente (lo que conocemos como estrés), la presencia constante de este neurotransmisor agota al organismo y nos hace sentir cansados y desanimados. Por otra parte, en muchos casos de depresión se produce un «efecto rebote», en el que después de muchas malas noticias o experiencias negativas el organismo pierde su capacidad de lucha y no es capaz de enfrentarse al desánimo o a los pequeños problemas cotidianos. El efecto modulador de la actividad física sobre este neurotransmisor puede ayudarte a regular la cantidad de hormonas del estrés que tu mente necesita. Así, un ejercicio moderado puede rebajar los niveles de epinefrina y reducir el estrés, mientras que una actividad más intensa ayudará a personas en las que la respuesta natural de lucha está agotada. Si tu trabajo es estresante puedes reducir los niveles de estrés con un poco de ejercicio físico, y si estás muy bajo de moral o energía puedes hablar con tu psicólogo o psiquiatra sobre la posibilidad de incluir el ejercicio físico como potenciador de tu capacidad de lucha.

La verdad es que es difícil convencer a una persona sedentaria, con bajo estado de ánimo o que tiene poco tiempo por culpa del estrés a lanzarse a la calle a hacer un poco de ejercicio físico. Sin embargo, si eres una de ellas es importante que lo hagas. Los beneficios de la actividad física para tu cerebro son irreemplazables. Me resulta difícil imaginar una persona que realiza ejercicio a diario con malas pulgas, estresado o deprimido. La actividad física te va a aportar vitalidad y buen ánimo gracias a la activación de neurotransmisores positivos y el bloqueo de otros que te hacen sentir mal. Por si esto fuera poco, las personas que realizan ejercicio físico duermen y descansan más plácidamente, se sienten más a gusto con su aspecto físico y hacen el amor con más frecuencia que los sedentarios. Estarás de acuerdo conmigo en que todo ello puede contribuir a que te sientas más feliz y relajado, y a alejar el desánimo y la baja autoestima de tu vida.

Bien sea por su capacidad para retrasar el envejecimiento cerebral, para mejorar tu rendimiento intelectual, o por promover estados de ánimo positivos, el ejercicio físico es, sin duda, mi área de la salud cerebral favorita. Como indican los estudios, no hace falta que te conviertas en un triatleta o superes la marca mundial de salto con pértiga para mejorar el estado global de tu cerebro. Los mayores beneficios para tu cerebro los obtendrás si realizas una actividad física moderada (caminar a un paso rápido o bailar es más que suficiente), con regularidad (3-4 días por semana) y de manera continuada. Te animo encarecidamente a probar sus efectos sobre tu mente y estado de ánimo. No he conocido a ninguna persona que no reconozca sentirse más animado, distendido y a la vez enérgico después de haber comenzado. Si consigues engancharte, tendrás un cerebro más alegre, relajado y despierto y podrás beneficiarte de ello durante más años, porque también conseguirás alargar su vida útil, prevenir enfermedades cerebrovasculares y alejar lo máximo posible otras como el Alzheimer.

CONSEJOS PRÁCTICOS

La actividad física es una asignatura pendiente para muchas personas. Con frecuencia aparece una gran resistencia para abandonar el sedentarismo. Sin embargo, el primer paso puede ser tan sencillo como calzarse unas zapatillas y salir a dar un largo paseo. A continuación te ofrezco algunos consejos sencillos para implementar el ejercicio físico en tu vida cotidiana:

- Ponte en forma. Apúntate a un gimnasio o a una actividad deportiva, las hay para todas las edades. Obtendrás beneficios en tu estado emocional desde el primer día y notarás su efecto en tus facultades mentales durante más años.
- Camina hasta tu trabajo, hasta el supermercado o hasta el colegio, pero camina. Unos 1.000 pasos al día son suficientes para que tu corazón y tu cerebro noten los efectos.
- Busca aficiones que impliquen movimiento, como salir al campo, montar en bici o dar largos paseos. Si consigues involucrar a otras personas, como tu pareja o amigos, te resultará mucho más fácil hacer de ello un hábito neurosaludable.
- Baila. Bailar es uno de los ejercicios más completos, ya que ejercita el corazón y la mente de una manera única y se ha demostrado que ayuda a crear reserva cognitiva y retrasar el envejecimiento.
- Solicita una revisión de tu corazón y tus arterias con tu cardiólogo. Siempre es mejor conocerlo antes de que te pase algo que después.

- Deja el coche siempre que puedas. Utilizar el transporte público ayuda a moverte en mayor medida, ya que por lo menos tendrás que desplazarte hasta la parada del metro, tren o autobús.
- Apaga el televisor y el ordenador. Con ese simple gesto las probabilidades de que te levantes y tu cuerpo se ponga en marcha se multiplican por 20.
- Trabaja menos y dedica más tiempo a estar con tus hijos. Involúcrate en sus juegos, tírate al suelo, corre, salta. Seguirles el ritmo te ayudará a levantarte del sofá y ejercitar tu corazón.

8.
Alimenta tus neuronas

«Come poco y cena más poco, que la salud de todo el cuerpo se fragua en la oficina del estómago.»

MIGUEL DE CERVANTES

¿Sabías que tu cerebro consume un 25 % de los alimentos que introduces en tu cuerpo? Puede parecer sorprendente, pero la materia gris (la parte de tu cerebro que te hace pensar) es responsable del consumo de casi un cuarto de la energía que metaboliza tu organismo. Ya puedes estar descifrando las claves del universo, ocupándote de planificar la economía familiar o criticando a la vecina, la demanda energética de tu cerebro es incesante. De hecho, con la energía que se produce en tu corteza cerebral se podría mantener una bombilla encendida de manera constante. Por todo esto y mucho más, la nutrición es una pieza clave del cuidado del cerebro.

Hoy en día son tantos los estudios que relacionan el consumo de ciertos alimentos con un efecto protector frente al Alzheimer, el Parkinson, la ansiedad o la depresión y las interacciones entre nutrición y cerebro son tan ricas y complejas que todo ello podría dar para escribir otro libro. El tema, al menos para un profano como yo, resulta fascinante. En este capítulo quiero darte unas pinceladas sobre qué papel desempeñan los distintos elementos nutricionales en el cuidado de tu cerebro a modo de recetario para mejorar tu salud cerebral.

Desde hace tiempo sabemos que la dieta mediterránea tiene propiedades excepcionales para la salud, pero lo que posiblemente no sepas es que actualmente existe un gran interés en estudiar el posible efecto de esta dieta en la lucha contra el Alzheimer. Si tuviera que resumir este capítulo en una recomendación, sería tan sencilla como: «Sigue una dieta mediterránea y no comas nada que no hubiera podido comer tu abuela cuando tenía tu edad». A continuación vamos a analizar los principales elementos de una nutrición neurosaludable. Espero que te ayuden a comprender y recordar aquellos alimentos que pueden proteger tu mente y retrasar el envejecimiento cerebral.

Incorporar grasas saludables

Tu cerebro está compuesto en un 60 % de materia grasa. Puede que te sorprenda, pero la verdad es que si pudieras sostenerlo notarías que, lejos de asemejarse a una nuez, un molde de plastilina o una hamburguesa gigante, su textura es similar a un bloque de mantequilla fría. En este sentido, los lípidos (o grasas) son un componente imprescindible para el buen funcionamiento de tu cerebro y tu mente. Las jóvenes que sufren de anorexia comienzan por restringir los alimentos ricos en grasas, de manera que provoca, en un inicio, dificultades de concentración y memoria que pueden progresar hasta efectos tan devastadores como la falta de juicio y delirios.

Los lípidos desempeñan un papel fundamental en el funcionamiento cerebral. La sustancia blanca está compuesta por las fibras nerviosas que transmiten la información entre una neurona y otra, permitiendo que se comuniquen y piensen de manera conjunta. Estas fibras o axones están recubiertas de una sustancia llamada mielina, que está compuesta principalmente de grasa (de ahí su color blanco). Las funciones de esta cubierta gelatinosa en la neurona son similares a las del plástico que recubre un cable eléctrico: aísla el impulso nervioso para que llegue más rápido y sin interferencias. Así la materia grasa que se encuentra en tu cerebro funciona como un acelerador de los impulsos nerviosos, y permite que pienses mejor y más rápido. Dicho lo dicho, te resultará fácil entender que tu cerebro necesita un buen aporte de lípidos o grasas todos los días. Sin embargo, es importante que comprendas que, mientras algunos tipos de grasas son beneficiosos para tu cerebro, otros tienen efectos muy perniciosos sobre el mismo.

Dentro de los lípidos perjudiciales para el cerebro nos encontramos con las grasas saturadas y las grasas hidrogenadas. Las grasas saturadas tienen un efecto negativo sobre tu sistema cardiovascular, ya que entre otras cosas favorecen la acumulación de colesterol en las arterias. La carne con alto contenido en grasa, como la de ternera, la de cerdo, los embutidos, la piel de las aves, así como la leche y sus derivados, son las principales fuentes de grasa saturada en la alimentación. Estos alimentos no deben eliminarse de la dieta, ya que son fuente de proteínas y otros nutrientes beneficiosos para el cerebro, pero sí deben ser limitados por su aporte de grasas saturadas. En este sentido, es conveniente elegir carnes magras como las de aves, especialmente el pavo, el conejo y cortes bajos en grasa como el solomillo y el lomo de cerdo, el solomillo, la contra o la culata de ternera, la pierna en el cordero y la pechuga en las aves.

Otro tipo de grasas que hay que mantener a raya son las grasas hidrogenadas o grasas trans. Estos lípidos se elaboran de manera industrial (principalmente a partir de aceite vegetal de poca calidad como el aceite de palma) para aumentar la vida útil de los alimentos. Las grasas trans están presentes en el aceite que se utiliza en freidurías y restaurantes para freír (por su bajo coste) y en todo tipo de bollería industrial. Su textura viscosa hace que las magdalenas, los bollos e incluso el pan resulten esponjosos y se estiren en vez de desmigarse. Este tipo de grasas es el más perjudicial para el cerebro, ya que favorecen la hipertensión, la acumulación del colesterol malo y la disminución del colesterol bueno, contribuyendo generosamente a la saturación de las arterias y la probabilidad de sufrir enfermedades cerebrales. Por si esto fuera poco, recientes estudios han relacionado un mayor consumo de grasas trans con un mayor riesgo de sufrir depresión. Sin lugar a dudas, este tipo de grasas son el primer alimento que hay que evitar en una dieta neurosaludable. Una buena receta para comprender el efecto diferencial entre las grasas perjudiciales y las beneficiosas para tu cerebro es la siguiente: coge dos sartenes y ponlas al fuego. En la primera sartén introduce bacon, panceta, chorizo, chocolate o el que sea tu pecado favorito. En la segunda vierte medio dedo de aceite de oliva. Mantenlas 10 minutos a fuego medio y después déjalas reposar hasta que su contenido se enfríe. En la primera, la de la panceta, encontrarás una sustancia gelatinosa y gruesa adherida a la superficie de la sartén. En la segunda verás cómo el aceite se sigue deslizando por la sartén con fluidez. Ahora imagínate que la sartén son tus arterias y comprenderás lo perjudicial que puede resultar ingerir alimentos ricos en grasas saturadas y grasas hidrogenadas para tus arterias y tu cerebro.

Mientras que las grasas saturadas favorecen la aparición de ictus, aceleran el envejecimiento y están asociadas a un mayor riesgo de sufrir Alzheimer, las grasas beneficiosas ofrecen un grado extra de protección y facilitan las funciones mentales, entre ellas el mantenimiento de la sustancia blanca de tu cerebro, y con ello la facilitación de impulsos nerviosos rápidos y sin interferencias. Los lípidos beneficiosos para el cerebro (ácidos grasos monoinsaturados o poliinsaturados) suelen tener una apariencia aceitosa o líquida y facilitan el tránsito del colesterol, además de producir otro tipo de efectos beneficiosos sobre el sistema cardiovascular. Las principales fuentes de estas grasas beneficiosas en la alimentación son el aceite de oliva, las aceitunas, el aguacate, el maíz, la soja, la calabaza, los frutos secos y el pescado azul. Entre ellas se ha estudiado con especial interés el omega 3. Todavía no sabemos a ciencia cierta si puede prevenir el Alzheimer o el infarto, pero sus efectos beneficiosos sobre las arterias, el sistema cardiovascular y la salud general sí están demostrados. Además, recientes estudios han ligado su consumo con un menor riesgo de padecer depresión, por lo que bajo distintas perspectivas se le puede considerar un aliado prioritario frente al envejecimiento cerebral.

Evitar la oxidación cerebral

La oxidación de las células es uno de los principales mecanismos de envejecimiento. Si piensas en una manzana recién pelada y cómo su carne se oscurece rápidamente en contacto con el aire, podrás entender mejor de lo que te hablo. Aunque es un proceso muy lento, la oxidación cerebral puede tener terribles consecuencias, ya que, como hemos visto, a diferencia de otras células del cuerpo, las neuronas no cuentan con la ventaja de renovarse periódicamente.

Una serie de estudios permitieron comprobar que algunas sustancias presentes en ciertos alimentos tenían un efecto antioxidante. Este descubrimiento despertó, durante la pasada década, un gran interés por parte de equipos científicos y la industria alimentaria que vio en este concepto una oportunidad para incrementar sus ventas. La palabra «antioxidante» estaba tan presente en la mente de los investigadores como en las etiquetas de los supermercados. Sin embargo, unos años después, muchos de los científicos implicados en aquellos estudios coinciden en señalar que el efecto antioxidante de estos alimentos es limitado. Simplemente, el consumo de antioxidantes parece no ser capaz de reducir de una manera significativa la oxidación celular.

Afortunadamente hay alternativa en la lucha contra la oxidación celular. Hoy en día el punto de mira se ha trasladado de incentivar el consumo de alimentos que pueden frenar este proceso a prevenir el consumo de alimentos que lo potencian o aceleran. Por hacer una analogía con el mundo de la estética corporal, si realizar 20 abdominales diarias no pudiera contrarrestar el efecto de engullir indiscriminadamente pizzas, hamburguesas y helado, lo más sensato sería comenzar a pensar en hacer una dieta que restringiera tu consumo de grasas. En el campo de la prevención del envejecimiento, la diana de los investigadores está fijada sobre los radicales libres, unas moléculas presentes en distintos alimentos y que hacen a las células, a tus neuronas, más vulnerables a la oxidación.

Entre los alimentos ricos en radicales libres se encuentran las grasas animales, principalmente aquellas presentes en embutidos, carnes rojas, frituras, snacks de bolsa como las patatas fritas y alimentos ricos en grasas hidrogenadas como la bollería industrial. Otros agentes fuente de radicales libres son los pesticidas y el tabaco. Trasladar estos datos a aplicaciones prácticas para el cuidado cerebral es relativamente simple. Hábitos tan sencillos como lavar concienzudamente frutas y verduras para eliminar trazas de pesticidas o evitar las frituras fuera del hogar o los snacks de bolsa (tanto dulces como salados) pueden alejar enfermedades del cerebro como el Alzheimer o el Parkinson.

Los alimentos ricos en antioxidantes incluyen las frutas y verduras. El debate sobre si estos alimentos son eficaces para prevenir la oxidación o no es importante desde el punto de vista científico, pero a ti no debería importarte, ya que, independientemente de que lo sean o no, su consumo es de vital importancia para tu salud cerebral. Frutas y verduras, de todos los colores y sabores, son la principal fuente de vitaminas y minerales, los cuales son necesarios para la asimilación de nutrientes y la producción de la inmensa mayoría de neurotransmisores que permiten que pienses con rapidez y agilidad y que tu estado emocional esté bien nutrido. Una dieta neurosaludable debe incluir un gran aporte de frutas, verduras y hortalizas que aseguren las cantidades de estos nutrientes.

Hidratar el cerebro y combatir la inflamación

Combatir la inflamación del cerebro es una buena estrategia nutricional para retrasar su envejecimiento y prevenir o paliar algunas de sus enfermedades. Uno de los descubrimientos más interesantes en el campo del Alzheimer es que personas tratadas con antiinflamatorios (como el ibuprofeno) parecen ser un poco más resistentes ante esta enfermedad. Esto ha puesto a los investigadores tras la pista de cómo los procesos inflamatorios pueden afectar al cerebro. De acuerdo con lo que sabemos hasta la fecha, enfermedades como el Alzheimer o estados de salud prolongados como el estrés crónico despiertan en el organismo una respuesta inmunitaria que tiene como una de sus armas la inflamación. Inflamar una región lesionada por un golpe es una estrategia inteligente que permite reparar los daños en menor tiempo. Sin embargo, cuando esta inflamación se prolonga en el tiempo, sus consecuencias para el cerebro pueden ser tan dañinas como el propio estado de salud que la originó. Sea como fuere, cada vez hay más evidencia de que los procesos de inflamación cerebral están presentes o al menos agravan condiciones como el Alzheimer o la depresión crónica, y los investigadores están comprobando que reducir la inflamación del cerebro puede ser una estrategia útil para paliar el avance de estas enfermedades.

Para combatir la inflamación un muy buen primer paso es aportar al cuerpo una abundante hidratación. En este sentido, no hay mejor fuente de hidratación y salud cerebral que el agua. Tanto si es mineral como del grifo, el aporte de líquidos puede ayudar a prevenir la inflamación, reducir la oxidación cerebral y mejorar la comunicación entre tus neuronas, haciendo que tu concentración, atención y memoria estén a punto. Una falta de hidratación puede estar detrás de episodios de decaimiento emocional, dolores de cabeza y migrañas, por lo que una buena estrategia para combatirlos puede ser beber abundante líquido (entre 2 y 3 litros de agua al día). Hablo en todo momento de agua porque ni todas las bebidas hidratan igual ni tienen sus efectos beneficiosos. Evita bebidas ricas en azúcar o que contienen colorantes artificiales, tales como refrescos, ya que estos elementos, lejos de ayudar, pueden contribuir a los procesos inflamatorios.

A nivel nutricional, una buena noticia es que combatir la inflamación cerebral es totalmente compatible con los otros consejos dietéticos que has podido leer a lo largo de este capítulo. Una dieta rica en omega 3, baja en grasas animales y rica en cereales integrales, combinada con frutas del bosque y verduras (especialmente zanahorias, pimientos, brócoli, espinacas y otras verduras de hoja verde), es también una dieta antiinflamatoria. A todos estos alimentos puedes añadirles la cúrcuma, una especia que se utiliza para elaborar curry y cuyos efectos antiinflamatorios y antioxidantes podrían ser eficaces para combatir el Alzheimer.

Además de estos nutrientes, existen otras recomendaciones específicas para reducir la inflamación. Evita tomar alimentos que te produzcan alergia, aunque no te creen reacciones graves. Puede que ciertos tipos de mariscos o frutos secos te provoquen reacciones fuertes y otros muy débiles. Evítalos todos si puedes. Evita el exceso de sal reduciendo la cantidad que pones en la comida y procurando no tomar alimentos enlatados o en conserva, ya que suelen contener un elevado porcentaje de sal que ayuda a su conservación.

Elegir fuentes de energía inteligentes

Los azúcares o hidratos de carbono son la principal fuente de energía para el organismo, incluido el cerebro. La mayoría de alimentos contienen hidratos de carbono, aunque la concentración de los mismos y su composición varían considerablemente. En función de lo rápido que los hidratos de carbono procedentes de los distintos alimentos se digieren y absorben, el páncreas tiene que generar más o menos insulina para elevar la absorción de estos azúcares. La importancia de esta variable en el cuidado del cerebro reside principalmente en que las subidas bruscas de glucosa favorecen la aparición de diabetes, uno de los principales factores de riesgo para sufrir una lesión cerebrovascular. Entre los alimentos con mayores índices glucémicos (requieren mayor secreción de insulina por parte del páncreas) podemos encontrar alimentos dulces (como la miel, el azúcar y toda la pastelería) y aquellos elaborados con cereales refinados (incluidos los preparados con harina blanca como el pan o la pasta). Frente a los efectos negativos del consumo de azúcares de rápida absorción, la mejor estrategia es pasarse a una dieta rica en hidratos de carbono complejos o de absorción lenta, que principalmente encontramos en los cereales integrales y sus derivados (pan integral, pasta integral), en las legumbres y en los frutos secos. Este tipo de alimentos aumenta los niveles de glucosa en sangre de una manera más paulatina y los mantiene estables durante más tiempo, por lo que se conocen también como hidratos de carbono inteligentes.

Un dato que hay que tener en cuenta a la hora de elegir los alimentos con bajo índice glucémico es que este puede variar en función de su preparación. Así, una zanahoria cruda tiene un índice glucémico de 45, mientras que cocinada se endulza y puede alcanzar los 90. De la misma manera, los espagueti cocinados *al dente* rondan los 45, mientras que si los dejas 3 minutos más en la olla alcanzarán un índice glucémico de 55.

Una dieta rica en alimentos con un alto índice glucémico también puede tener efectos negativos sobre la cognición y el ánimo. Cuando tomamos productos con un alto aporte de glucosa experimentamos una gran cantidad de energía que nos permite desarrollar una actividad física intensa. Muchos deportistas utilizan este aporte de energía rápida como estrategia para sus entrenamientos y competiciones. Michael Phelps, el atleta más laureado de la historia de los Juegos Olímpicos, tomaba unos desayunos pantagruélicos cargados de hidratos de carbono que le permitían entrenar a unos niveles de energía altísimos. Sin embargo, para la persona que no compite en el deporte, es preferible que las descargas de energía sean menores pero se puedan mantener constantes a lo largo del día. En este caso, la estrategia de mantener los niveles de glucemia bajo control, tomando hidratos de carbono inteligentes, puede ayudar a mantener unos buenos niveles de concentración y facilitar los procesos de aprendizaje y memoria a lo largo de todo el día. Este tipo de carbohidratos también parece tener efectos beneficiosos sobre tu estado de ánimo, ya que favorece una producción más estable continuada de serotonina (la hormona de la felicidad), y evita, a su vez, los altibajos emocionales.

Incorporar suplementos neurosaludables

Además de las grandes pautas de nutrición neurosaludable (evitar el riesgo cardiovascular, prevenir la oxidación y la inflamación) existen otros suplementos a esta dieta que pueden ayudarte en tu afán por mejorar tu salud cerebral.

Comer en familia

Este es, sin lugar a dudas, el primer suplemento a una dieta neurosaludable. Un conocido cocinero de la tele siempre defiende la importancia de comer en familia, y yo no podría estar más de acuerdo con él. Comer en familia aporta una serie de ventajas a una dieta para el cuidado del cerebro. Son muchos los estudios que confirman que cuando comemos en casa elegimos alimentos más sanos y los preparamos de una manera más saludable que cuando comemos fuera. Comer en casa ayuda a elaborar una dieta más equilibrada (sobre todo cuando tenemos niños) y evitar el consumo de colorantes, conservantes y aceite reciclado, que está tan presente cuando comemos fuera de casa. Además, comer en familia distiende y favorece la socialización y el fortalecimiento de lazos familiares, lo que, como veremos más adelante, puede ser un suplemento más para el cuidado del cerebro. No en vano la UNESCO, al incorporar la dieta mediterránea al patrimonio de la humanidad por sus beneficios físicos y psicológicos, la definió no solamente como el conjunto de alimentos y la manera de prepararlos, sino también como «la forma de alimentarse que favorece la interacción social».

Suplementos vitamínicos

En la dieta de la mayoría de personas, aunque coman de una manera saludable, existen carencias de vitaminas y minerales. Por eso casi todos los modelos nutricionales actuales incluyen suplementos vitamínicos. Si te encuentras más cansado, tienes problemas de concentración o simplemente quieres tomarte en serio el cuidado del cerebro, consulta con tu nutricionista qué complejo vitamínico puede ayudarte a suplir tus carencias nutricionales.

Restricción calórica

Comer menos puede ser una estrategia inteligente frente al envejecimiento cerebral. Los habitantes de algunas de las islas de la longevidad comen pequeñas cantidades, y diversos estudios han puesto de manifiesto que algunos animales, como gusanos o ratones, pueden casi duplicar su esperanza de vida si se reduce entre un 20 y 40% la cantidad de alimentos que ingieren. Estos resultados no se han visto replicados en humanos. De hecho, justo el año pasado terminó el primer estudio de restricción calórica en un grupo de humanos que durante varias décadas han estado limitando la cantidad de alimentos que consumían sin haber logrado que sus participantes aumentaran su esperanza de vida. A pesar de no haber obtenido los resultados esperados en el ámbito de la longevidad, todo parece indicar que la restricción calórica ofreció otros beneficios en distintos ámbitos de la salud, incluida una mayor resistencia a los virus e infecciones y un estado de ánimo más positivo. Sin embargo, este es solo un primer estudio con humanos y parece pronto para sacar conclusiones tanto a favor como en contra. Los resultados obtenidos en animales siguen fascinando a la ciencia y reducir la cantidad de calorías que consumimos sigue pareciendo, a ojos de muchos científicos, una estrategia interesante para mejorar la salud que merece un poco más de atención y estudio.

Vino tinto

Una de las características propias de la dieta mediterránea es el consumo moderado de alcohol en forma de vino. Los beneficios del vino para el sistema circulatorio se combinan con un aporte de agentes antioxidantes como polifenoles, flavonoides y resveratrol (en mayor concentración en el vino tinto que en el blanco o rosado). Todo ello convierte al vino, siempre que se consuma con moderación, en un poderoso aliado frente a los ictus, pero también frente a enfermedades neurodegenerativas.

Chocolate y café

Existe una gran confusión respecto a si el café y el chocolate son beneficiosos para el cerebro. La realidad es que esta confusión está más que justificada, ya que los dos cuentan con nutrientes beneficiosos y nutrientes perjudiciales. A grandes rasgos se puede decir que ambos son beneficiosos con mucha moderación. Tanto el chocolate como el café tienen agentes antioxidantes, que, como ya hemos visto, pueden ayudar pero no son demasiado eficaces para prevenir la oxidación cerebral. Ambos producen una respuesta activadora del sistema nervioso central que puede ayudar a elevar los niveles de atención y concentración durante la media hora posterior a su ingesta, pero este efecto se desvanece y puede provocar el efecto contrario, y tomados en exceso pueden alterar los patrones naturales de descanso necesarios para una mente despierta. A favor del chocolate podemos decir que favorece la producción y síntesis de dopamina y serotonina, dos neurotransmisores que favorecen la relajación y la sensación de bienestar. La realidad es que resulta casi imposible aislar el efecto beneficioso de ambas sustancias, ya que se preparan con otros productos perjudiciales como el azúcar y la grasa que contiene la leche, lo que hace que tengan efectos negativos sobre el sistema cardiovascular. Mi recomendación es que su consumo se debería limitar a una onza de chocolate negro o una taza de café al día (lo que a veces puede ser difícil porque ambas sustancias tienen componentes altamente adictivos).

Triptófano

El triptófano es un aminoácido necesario para que nuestro cerebro pueda «fabricar» serotonina (el neurotransmisor que produce la sensación de placer). Como todos los aminoácidos esenciales, nuestro organismo no lo puede producir por sí mismo y por ello debe incorporarlo de los alimentos que consumes. Entre los alimentos ricos en triptófano se encuentran aves como el pavo y el pollo, los huevos, la soja, el tofu, las semillas de sésamo y las pipas de calabaza, los cacahuetes o las nueces. Si vas a buscar estos alimentos para mejorar tu ánimo, no olvides sonreír, tomar el sol o realizar ejercicio físico, ya que estas actividades han demostrado que pueden facilitar que el triptófano que introduces en el organismo se transforme en serotonina. Las dietas y los hábitos que favorecen la producción de serotonina han demostrado ser eficaces en la superación de trastornos del ánimo, apoyando el tratamiento farmacológico para la depresión o reduciendo el malhumor y la angustia asociados al estrés o la ansiedad.

Té verde

El té en general, y el té verde en particular, es una alternativa más recomendable que el café para el cuidado cerebral. Una de las ventajas del té sobre el café es que al tomarse mezclado con mucha agua aporta un alto grado de hidratación. Asimismo, aunque el café contiene más antioxidantes que el té, sus agentes se mantienen activos hasta 3 días en el organismo, por lo que, aunque es menos intenso, sus beneficios para el cerebro son más constantes y duraderos. Posiblemente una o dos tazas de té verde al día aporten una buena dosis de hidratación y antioxidantes a tu dieta.

Combinando los principios que te acabo de exponer y la nueva pirámide alimenticia de la Universidad de Harvard, elaboré hace unos años mi propia pirámide alimenticia de la salud cerebral. El objetivo de esta pirámide era y es ayudarte a recordar e implementar una dieta neurosaludable. Desde hace años circula libremente por internet y apareció publicada en mi libro *Me falla la memoria*, Editorial RBA, en el año 2012.

Utilizando esta pirámide y los consejos que te he dado en este capítulo, te será relativamente fácil identificar qué alimentos son adecuados en una dieta neurosaludable. Aun así el ritmo de vida y la poca cultura de lo saludable en nuestro día a día pueden hacer difícil que sigas estos consejos. Una buena estrategia para lograrlo es planificar de antemano lo

ABUNDANTE HIDRATACIÓN

2 o 3 litros al día

EXCEPCIONALMENTE
No más de una vez a la semana
Bollería industrial, chocolate, dulces, alcohol,
embutidos y carnes con mucha grasa

BOLLERÍA INDUSTRIAL DULCES

OCASIONALMENTE
2 raciones por semana de
carne (preferiblemente magra)
2 raciones a la semana de pasta,
arroz o patatas. Limilitar el
consumo de sal y lácteos
no desnatados

HARINAS REFINADAS (PAN, PASTA) MANTEQUILLA, SAL, CARNE ROJA

CON MODERACIÓN
1 o 2 tomas al día

LÁCTEOS DESNATADOS

CON FRECUENCIA
3 raciones
por semana
de cada

FRUTOS SECOS   HUEVOS   AVES   PESCADO: ESPECIALMENTE AZUL

A DIARIO

HARINAS INTEGRALES   GRASAS SALUDABLES   FRUTAS Y VERDURAS

SUPLEMENTOS NEUROSALUDABLES

CHOCOLATE NEGRO   VINO   COMER EN FAMILIA SIN TELEVISIÓN   SUPLEMENTO   CAFÉ O TÉ
(1 onza al día)   (1 copa al día)   (al menos una comida al día)   VITAMÍNICO   (una taza al día)

que quieres comer tanto en las comidas principales como en los tentempiés que tomas a media mañana o a media tarde. Incluir en la lista de la compra unas manzanas o barritas de cereales para llevar al trabajo puede ahorrarte la bollería y otros productos poco saludables que encontramos en la mayoría de cafeterías. Para finalizar este capítulo, he incluido un ejemplo de menú semanal saludable para tu cerebro. Puedes incluir uno como este cada semana.

Ejemplo de menú saludable para tu cerebro

La nutrición es una de las áreas que más interés despierta entre las personas que quieren cuidar su salud, y cada vez sabemos más sobre cómo aplicar estos conocimientos dietéticos en el campo de la salud cerebral. Desgraciadamente, la sociedad en la que vivimos, obsesionada con la gestión del tiempo, nos hace vivir, pensar y comer a la carrera. Los valores tradicionales en cuanto a la nutrición, tanto en los alimentos que tomamos como en la forma en que los consumimos, están desapareciendo vertiginosamente. Hoy en día uno puede comprar una chocolatina o una bolsa de patatas fritas en cualquier esquina, entorno laboral o estación de tren y, sin embargo, echarse una manzana a la boca puede resultar realmente difícil si no se lleva de casa o se dispone de tiempo para ir a una frutería a comprarla. Esa situación es realmente lastimosa, ya que aboca a la pérdida de nuestra insustituible dieta mediterránea.

	DESAYUNO	MEDIA MAÑANA	COMIDA	MERIENDA	CENA
Lunes	Copos de avena con leche desnatada, azúcar moreno y zumo de naranja	Manzana Galleta integral	Guisantes con jamón Pechuga de pavo con patatas asadas	Barrita de muesli	Ensalada de espinacas, frutos secos, queso y jamón curado
Martes	Cereales integrales con frutos secos y pasas / café	Yogur desnatado	Sopa de verduras Arroz integral con verduras y setas	Galleta integral con plátano	Tosta de salmón ahumado. Yogur con frutos del bosque
Miércoles	Muesli de copos integrales con manzana / té verde	Plátano	Lentejas con verduras Tortilla de espárragos	Yogur desnatado	Pollo con verduras al curry
Jueves	Tosta integral con queso fresco, pechuga de pavo y aceite de oliva	Té verde Galleta integral	Ensalada de aguacate y tomate Anchoas rebozadas	Fruta de temporada	Crema de verduras Fiambre de pavo
Viernes	Copos de avena con leche desnatada, azúcar moreno y zumo de naranja	Fruta de temporada	Gazpacho Solomillo de cerdo	Té verde con galleta integral	Ensalada de ventresca de atún y pimientos del piquillo
Sábado	Tostadas de pan de centeno con tomate rallado y aceite de oliva / café	Yogur desnatado	Crema de calabaza Salmón con salsa ligera de puerros	Strudel de nueces, avena y pistachos	Ensalada de tomate, mozzarella, fiambre de pollo y albahaca
Domingo	Cereales integrales con fresones / té verde	Sándwich de pan integral, fiambre de pollo, queso, lechuga y mostaza	Espaguetis al pesto Tosta de centeno con mozzarella, albahaca y aceite de oliva	Yogur desnatado con nueces	Atún a la plancha con brócoli y zanahorias hervidas

Este menú representa el aporte equilibrado de los nutrientes y alimentos que favorecen una buena salud cerebral. Las frutas y verduras aseguran la cantidad necesaria de vitaminas; los pescados y ensaladas aseguran el aporte de grasas saludables; los cereales integrales aportan los hidratos de carbono necesarios para mantener unos niveles óptimos de energía y vitalidad, mientras que el consumo de grasas animales se ha limitado a través del consumo de carnes magras, que a su vez son suficientes para satisfacer las necesidades de minerales y aminoácidos esenciales de tu cerebro.

9.
Sueña con un cerebro más sano

«El sueño es la mejor meditación.»

DALAI LAMA

Para muchas personas dormir es tan solo un trámite. Quizá puedas tener la sensación de que mientras duermes tu mente simplemente se desconecta, pero lejos de ser así, cada noche tu cerebro pasa por una serie de fases que tienen importantes implicaciones para tu salud en general y para el bienestar de tu cerebro de una forma muy particular. No en balde dedicas un tercio del día a dormir, llegas a acumular alrededor de 30 años de sueño a lo largo de tu vida. Créeme que tu organismo no dedicaría una cantidad de tiempo tan ingente a dormir si no fuera porque el sueño es un mecanismo biológico imprescindible para el buen funcionamiento de cerebro y mente. Los efectos de una mala noche sin dormir se perciben de inmediato en el rendimiento intelectual, social y emocional, igual que los beneficios de una noche de sueño reparador en sentido contrario. Pero más allá del efecto inmediato que tiene sobre tus funciones intelectuales y estado de ánimo, el sueño desempeña un importante papel en el cuidado del cerebro a largo plazo. La capacidad para crear nuevas conexiones cerebrales, recordar u ofrecer un descanso al sistema cerebrovascular está estrechamente ligada al sueño, por lo que podríamos decir que dormir bien es uno de los factores neuroprotectores más importantes.

Desafortunadamente, la calidad del sueño en nuestra sociedad hace aguas. Los problemas de sueño afectan al menos a uno de cada cuatro adultos. Por si esto fuera poco, el sueño, que se presenta como un descanso pleno en la infancia, suele verse mermado en la vida adulta tanto en la cantidad de horas como en la calidad del descanso que ofrece. Los neurobiólogos aseguran que esta pérdida de calidad del sueño tiene que ver con una preparación biológica para cuidar de los hijos. De esta manera, cuando una persona se encuentra en edad fértil de acuerdo con su propia biología pero también con los condicionantes culturales, su cuerpo comienza a experimentar una serie de cambios que hacen que el sueño sea más ligero. Otro de los cambios que experimentamos al llegar a la treintena son los horarios del sueño. Si al llegar a los 20 años nuestro cerebro desarrolló una sorprendente capacidad para trasnochar, alrededor de los 30 años el sueño aparece antes y tendemos a despertarnos con la primera luz de la mañana (acompasándonos con los ciclos de sueño de los niños). El cambio definitivo aparece con la llegada de los hijos, que, lo quiera uno o no, acaban por trastocar todo el sistema del sueño, ya que los padres deben atender las demandas de alimento del recién nacido. Se estima que durante el primer año de vida de un hijo sus padres perderán entre 400 y 700 horas de sueño (casi dos horas al día). Además de la cantidad de horas de sueño, el nacimiento de un bebé también repercute en la calidad del sueño de sus padres. A partir de ese momento el sueño es más fragmentado y ligero y los ciclos de sueño profundo son más cortos, lo que facilita que, aun dormidos, los padres puedan estar atentos a posibles amenazas contra su prole. Dormir con un ojo puesto en los niños condiciona en gran medida la calidad del sueño, su capacidad para crear conexiones neuronales y sus propiedades reparadoras. Tengas hijos o no, los cambios en los ciclos de sueño aparecen alrededor de los 30 años y pueden tener un impacto considerable sobre tu cognición, tus emociones y la manera en que tu cerebro envejece.

Sueño y descanso

El primer beneficio que tu organismo obtiene de las horas de sueño es el descanso. Mientras duermes, tu cuerpo entra en un estado de relajación en el que cuerpo y mente desconectan casi totalmente del entorno que les rodea con el fin de reponerse del esfuerzo que has realizado durante el día y prepararse para la siguiente jornada de actividad. El sueño hace que tus músculos se relajen, tu cerebro literalmente se enfríe y el organismo recupere los aminoácidos, proteínas y otras sustancias que necesitas para funcionar bien. Como ya has visto, la eficiencia energética es un factor crucial para mantener una mente lúcida y con buen tono emocional. Un desgaste excesivo por falta de sueño puede provocar efectos similares a los de una mala alimentación. Se calcula que después de 17 horas despierto tu capacidad de concentración se sitúa a los mismos niveles que tendrías con una tasa de alcohol en sangre de 0,05, suficiente para dar positivo en un control de alcoholemia. Todos hemos pasado alguna que otra noche sin dormir. En estos casos la reserva de energía de nuestro organismo nos permite sortear las dificultades que se presentan en el día, mientras aguardamos con desesperación que llegue el momento de poder tumbarnos a dormir. A pesar de ser algo llevadero, una sola noche sin dormir es suficiente para que notemos cómo nuestro nivel de atención y concentración disminuye, nos sintamos agotados y comencemos a experimentar olvidos cotidianos y dificultades para resolver problemas complejos (por falta de concentración, principalmente). Por suerte los efectos de estas alteraciones ocasionales en el sueño son pasajeros y una noche de sueño reparador puede ser suficiente para recuperar el tono mental.

Sin embargo, cuando el sueño se ve alterado de manera habitual, como en casos de insomnio o apneas del sueño (un trastorno respiratorio que despierta repetidamente a la persona durante las horas de sueño), pueden aparecer problemas, como agotamiento crónico o depresión del sistema inmunológico. En estos casos el efecto de la falta de descanso puede agravar los problemas emocionales e intelectuales y pueden llegar a ser persistentes, e incluso irreparables. En estas situaciones el cerebro experimenta de manera crónica un enlentecimiento en la toma de decisiones, ansiedad, sensación de abatimiento, baja autoestima y problemas en la memoria a largo plazo.

Quizás uno de los beneficios más importantes que un buen descanso puede ofrecer a tu cerebro sea el de mantener el sistema cardiovascular en condiciones óptimas. Durante las fases de sueño profundo, consideradas de reposo metabólico, el sistema cardiovascular se ralentiza, y ofrece al corazón un periodo de descanso y reparación. Sabemos que las personas que sufren apneas o falta de sueño prolongada en el tiempo presentan un corazón cansado y pueden tener más riesgo de sufrir una enfermedad cardiovascular. Este dato puede ser de especial relevancia en la salud cerebral, ya que más de la mitad de las lesiones cerebrales aparecen por un fallo en el sistema cerebrovascular. La apnea del sueño también se ha visto asociada a un mayor riesgo de sufrir problemas de memoria y demencia en aquellos casos en los que de manera significativa reduce el flujo de oxigenación cerebral, a la que son especialmente sensibles algunas regiones del cerebro asociadas a la memoria y la enfermedad de Alzheimer. Aunque no quiero que interpretes que roncar o tener un sueño ligero puedan provocar Alzheimer, creo que es importante que comprendas la importancia del descanso sobre tu sistema cardiovascular y cómo puede ser beneficioso para tu cerebro.

Sueño, memoria y reserva cognitiva

Precisamente tu memoria será una de las funciones mentales más beneficiadas de tener unos buenos hábitos de descanso. Esto es debido a que el sueño forma parte de los procesos básicos que permiten almacenar nuevos recuerdos en tu cerebro. En una de las fases del sueño, la fase REM (acrónimo del inglés que significa «Movimientos Rápidos Oculares»), se produce gran parte de la consolidación de las experiencias vividas durante el día a la memoria. En este sentido, parece que durante esta fase REM el cerebro organiza las experiencias vividas durante el día, y en esa organización da sentido a los recuerdos de una manera duradera, de tal manera que podamos echar mano de ellos semanas, meses y años después. Un símil que puede ayudarte a entender lo que ocurre en esta fase de consolidación es el de imaginarte en la mesa del salón revisando las fotos del verano, descartando las que no son significativas o están repetidas y etiquetando aquellas importantes y guardándolas de una manera ordenada en el álbum correspondiente. La realidad es que los recuerdos no se encuentran en un lugar específico del cerebro, sino más bien repartidos por toda la corteza cerebral, pero sí existe un gran registro de memorias que permite seleccionar y buscar cada una de ellas. Este registro se encuentra archivado en una región del cerebro conocida como hipocampo, que es la zona del cerebro donde primero ataca el Alzheimer (de ahí los problemas de memoria tan prominentes en esta enfermedad).

El proceso de reorganización de los recuerdos del día y almacenamiento junto a otros recuerdos lejanos provoca los sueños. Algunas personas recuerdan sus sueños y otras no, pero todos soñamos cuatro o cinco veces cada noche. Uno de los factores que determina que recordemos o no lo que hemos soñado tiene que ver con la cercanía del sueño en relación con el momento de despertar. Si te despiertas justo al acabar el ciclo REM, es más probable que recuerdes las ensoñaciones que acabas de vivir. Otro de los factores que interviene en el recuerdo del sueño es la intensidad emocional del mismo; por eso muchas personas creen soñar solo con cosas muy placenteras o, en el otro extremo, con escenas angustiosas.

Igual que ocurre con otras experiencias vividas durante el día, las vivencias emocionales también se codifican y almacenan en tu memoria a través del sueño. De hecho, el almacenamiento de este tipo de recuerdos parece ser prioritario, ya que estos recuerdos emocionales pueden ser muy importantes para nuestra supervivencia. Recordar quién nos ayudó y bajo qué circunstancias puede ser crucial para nuestro bienestar, como recordar en qué contexto nos atacó alguien. El cerebro identifica rápidamente esta información como relevante y dará prioridad a guardar estos recuerdos sobre otros, como la cara del dependiente en la ferretería. El proceso de asociación de recuerdos recientes con recuerdos remotos, junto con las labores de archivo y su alto componente emocional, provoca ese tinte surrealista e inquietante que confiere a los sueños ese halo de misterio y fascinación.

La fase REM (en la que emergen los sueños) es tan importante para la memoria y la propia supervivencia que, a pesar de que normalmente aparece en el último ciclo del sueño, cuando llevamos mucho tiempo sin dormir se activa de manera automática nada más cerrar los ojos. Si has pasado una noche sin dormir es posible que recuerdes cómo al día siguiente tu cerebro te invitaba a cerrar los ojos para dar pequeñas cabezadas que inmediatamente, en apenas 4 o 5 segundos, traían pequeñas ensoñaciones. Los expertos creen que un cerebro al que no se le ha permitido dormir necesita más la ensoñación que el descanso, de la misma manera que un náufrago en el desierto elegirá la hidratación antes que la comida.

Los procesos de almacenamiento de recuerdos que ocurren durante la noche se ven apoyados por otro elemento que puede ayudar a retrasar el envejecimiento cerebral. Durante todo el día, pero de una manera más acusada cuando dormimos, especialmente durante la fase REM, el cerebro segrega una hormona conocida como hormona del crecimiento. Esta hormona ayuda a crear nuevas conexiones cerebrales facilitando, así, que los recuerdos del día puedan ser asociados y registrados junto a recuerdos del pasado. En la infancia los niños se benefician de una manera clara de esta relación entre sueño y desarrollo intelectual haciendo honor, como todos sabemos, a la frase «este niño es una esponja». Durante esos años los niños necesitan muchas horas de sueño, que suele ser de gran calidad en cuanto a su capacidad para proporcionar un descanso recuperador, lo cual posibilita la creación de nuevas conexiones neuronales. Cualquiera que haya viajado a un país extranjero también se habrá beneficiado de este fenómeno de un sueño especialmente enriquecedor similar al que tienen los niños. Los viajeros suelen experimentar sueños muy intensos, lo que no es otra cosa que un ejercicio del cerebro para adaptarse a un nuevo entorno y recordar todo aquello que le puede ayudar a sobrevivir en un lugar desconocido. Si viajas, por ejemplo, a un país extranjero, las impresiones iniciales harán que pases las primeras noches soñando con las caras de las personas que has visto, escuchando sus voces o recorriendo las calles que te acercan al hotel, en un intento de adaptarte a sus expresiones gestuales, su acento o la manera de entrar y salir de tu vivienda provisional. Igual que los viajeros y los niños, aquellas personas que estén en situaciones excepcionales, los días antes de una oposición o recién diagnosticados de una enfermedad grave, o si están preparando un evento importante como su boda, pueden tener sueños llenos de viveza que les preparan para enfrentarse a estas situaciones. Estos ejemplos pueden ayudarte a comprender la importancia del sueño en la construcción del cerebro. Como ya hemos visto anteriormente, la reserva cognitiva es un factor de protección frente a enfermedades como el Alzheimer o la pérdida de memoria asociada a la edad, y el desarrollo de esa reserva cognitiva se basa en la creación de nuevas conexiones neuronales que protejan nuestra mente del embate del tiempo y sus enfermedades. En ese sentido, invertir tiempo en un sueño de calidad es beneficioso para nuestra propia reserva cognitiva, ya que consolida los ejercicios mentales o nuevos aprendizajes que hayas realizado durante el día.

Por desgracia, igual que ocurre con otros ciclos del sueño, a medida que nos hacemos mayores los periodos de sueño REM se van haciendo progresivamente más cortos, por lo que interfieren en la capacidad para ayudarnos a crear nuevas conexiones y recordar. A pesar de que no podemos invertir el sentido de las agujas del reloj y de que nunca volverás a dormir tan plácidamente como cuando tenías 3 años, los estudiosos del sueño pueden ofrecerte una serie de interesantes recomendaciones para aumentar la cantidad y calidad de tu sueño y ayudarte a disfrutar de sus beneficios sobre tu reserva cognitiva. Al final del capítulo encontrarás algunas de ellas.

Sueño y emociones

Si, como venimos comentando, tienes hijos pequeños, sabrás lo importante que son el sueño y el descanso en el estado de ánimo. También lo saben aquellos que sufren insomnio crónico. Una de las formas más eficaces de conseguir debilitar la mente es privarla del sueño, y los militares expertos en interrogatorios lo saben bien. Una mente bien entrenada, que en condiciones normales puede soportar golpes y amenazas, se vuelve vulnerable con tan solo dos días de privación de sueño. El sueño y el humor están estrechamente relacionados. Una reducción en el número de horas de sueño durante uno o dos días basta para provocar alteraciones pasajeras en tu estado de ánimo y concentración. Las noches que he pasado en vela junto a mi esposa cuidando de nuestros hijos enfermos provocaban una creciente irascibilidad a medida que iban pasando las horas sin que ninguno pudiéramos dormir. El día siguiente venía marcado irremediablemente por cansancio, decaimiento e incluso irritabilidad, que solo se disipaba cuando podíamos dormir. Cuando esta falta de sueño ocurre de manera recurrente, puede derivar en un trastorno del estado de ánimo como la ansiedad o la depresión.

Por el contrario, un sueño saludable puede mejorar tu bienestar psíquico. Un reciente estudio demostró que la cantidad y calidad del sueño estaba estrechamente ligada al estado de ánimo de personas sanas. De acuerdo con los resultados del estudio, cuando dormimos 7 horas o más y percibimos el descanso como pleno, la probabilidad de que nuestro estado de ánimo sea muy bueno o excelente al día siguiente es del 70 %. Para aquellos que duermen menos de 7 horas en un día concreto, la probabilidad de que su ánimo llegue a esos niveles se limita a tan solo el 40 %. Los datos de los distintos estudios coinciden en señalar que el ánimo es solamente una de las facetas de la experiencia de sentirse bien que se ve influenciada por los hábitos de sueño. Los que dormían más horas también se sentían más cargados de energía y productivos, mientras que los que dormían pocas horas refirieron más cansancio, estrés y frustración. Curiosamente, el sentimiento de frustración es una de las percepciones que de una manera casi constante perciben muchas personas que tienen hábitos de sueño insuficientes. Si estos patrones se mantienen pueden incluso derivar en depresión. Si bien es cierto que las necesidades de descanso varían entre una persona y otra, parece claro que a mayor número de horas dormidas y descanso, mejor humor.

Una de las consecuencias de los avances tecnológicos que hemos vivido en los últimos siglos ha sido una reducción en el número de horas dedicadas a dormir. En la época victoriana, antes de la llegada de la Revolución industrial, las personas dormían entre 9 y 10 horas diarias. Así lo atestiguan los diarios de campesinos, sirvientes e ilustres damas de la época. En un mundo sin frenesí o televisión el sueño aparecía poco después de finalizar la cena. Hoy en día la mayoría de personas duermen entre 7 y 8 horas. No parece casual que antes durmiéramos dos horas más. Animales muy similares al hombre, como los monos rhesus, los babuinos, los orangutanes o los chimpancés, duermen una media de 10 horas al día en lo que parece una pauta de sueño natural también para el ser humano. Es posible que el ritmo de trabajo, las salidas nocturnas o las veladas frente al televisor no te hayan permitido percatarte del sueño perdido, pero habrás apreciado que durante tus vacaciones duermes como un lirón en un más que posible intento de recuperar tus horas de sueño de orangután. Otros síntomas claros de que duermes menos de lo que tu cerebro necesita es el hecho de quedarse dormido en menos de 10 minutos desde que te metes en la cama (normalmente el cerebro necesita unos 10-20 minutos para preparase), o si por las mañanas sintieras que, más que despertarte, la alarma del despertador te arranca literalmente de tus sueños.

Volviendo a la época victoriana, cabe hacer una reflexión más profunda si cabe sobre el descenso del número de horas de sueño en la sociedad actual. Si, como hemos visto, reducir en una hora el sueño de una persona acostumbrada a dormir 8 horas puede provocar en ella cansancio, frustración o tristeza, ¿cuál será el efecto de una reducción permanente en el número de horas de sueño en toda la sociedad? Posiblemente la limitación de horas de descanso en la era post-industrial pueda contribuir a que el cansancio, la frustración o el desánimo sean tan predominantes en nuestra sociedad. El desarrollo tecnológico ha supuesto la promesa, hoy más que nunca, de tener la felicidad en la palma de la mano, sin embargo, parece que las comodidades que ofrece no son suficientes para compensar las horas de sueño que nos han robado.

Hemos visto cómo robar horas al sueño puede acelerar el envejecimiento cerebral, debilitar tu sistema inmunitario, reducir tu capacidad para concentrarte, memorizar y solucionar problemas, así como causar perniciosos efectos sobre tu estado de ánimo. Por contra, parece que alejarse de la pauta que marca nuestra época y dormir un poquito más es una tendencia natural del ser humano, y que esto puede tener efectos refrescantes sobre tu mente y ánimo. Para finalizar este capítulo te invito a regresar a la era victoriana, apagar bombillas, ordenador o televisor y dormir a pierna suelta durante más horas. Si mañana no despiertas más descansado o animado no tienes por qué repetir. Si la experiencia fue positiva, te animo a comprobar durante una semana los efectos que dormir una hora más al día tiene sobre tu ánimo, nivel de energía o capacidad de concentración. Descansa.

CONSEJOS PRÁCTICOS

El sueño es sinónimo de descanso cerebral. Sin embargo, es muy frecuente tener problemas para conciliar y mantener el sueño en gran medida por hábitos que dificultan a nuestro cerebro desconectar de las preocupaciones cotidianas. A continuación te ofrezco unos consejos para que tu cerebro obtenga un descanso reparador:

- Crea una rutina estable antes de irte a dormir. Ponte el pijama, lávate los dientes, adopta la misma postura. Así acostumbrarás a tu cerebro a dormir.
- Dedica la última hora del día a leer en la cama. Leer activa una serie de circuitos que te ayudarán a quedarte dormido antes de que pase media hora.
- Evita tener emociones fuertes después de la cena. Evita discusiones, películas o novelas demasiado emocionantes. Pueden impedir que concilies el sueño.
- Evita trabajar o hablar de trabajo después de la cena. No atiendas llamadas de trabajo o e-mails. Reserva ese rato del día para hablar de cosas que te relajan y te hacen sentir bien. Te será más fácil conciliar el sueño.
- Consagra el dormitorio al sueño y al descanso. Ni comas, ni veas la tele ni utilices el ordenador dentro del dormitorio. Tu cerebro debe asociar la habitación a un refugio para el descanso.
- Aunque el teléfono móvil te haga las veces de despertador, dormirás mejor si durante la noche dormís en habitaciones separadas. Mantener tu agenda y preocupaciones lejos de tu cabeza te hará descansar mejor.

- Duerme a oscuras. Baja la persiana para evitar las luces de la calle y apaga las luces de la casa. El cerebro humano está programado para desactivarse con oscuridad total. Si necesitas una luz para dormir, elige luces tenues y de color azul, que son las que más se asemejan al brillo de las estrellas (que perturba menos el descanso del cerebro).

10.
Aleja el estrés de tu vida

«Ten paciencia con todas las cosas de la vida, pero
antes que con ninguna, contigo mismo.»

SAN FRANCISCO DE SALES

Existen muchos hábitos que pueden provocar daños irreparables en tu cerebro. De todos ellos el menos aconsejable es
inhalar pegamento. Esta práctica provoca que las partículas
de adhesivo que entran en los pulmones acaben adheridas en
distintos rincones del cerebro, ocasionando lo que conocemos como el síndrome del queso gruyère. El cerebro queda
literalmente agujereado.

Esnifar cocaína y fumar son las siguientes conductas que
hay que evitar si quieres mantener tu cerebro sano. Me es difícil ordenar estos dos hábitos en función de su peligrosidad,
ya que si el primero multiplica por ocho las posibilidades
de sufrir un derrame cerebral y el segundo solo las triplica,
fumar también aumenta considerablemente tus probabili-

dades de padecer Alzheimer y es responsable de más de 10 tipos de cáncer que pueden atacar al cerebro. No es de extrañar que el tabaco sea tan perjudicial, si tenemos en cuenta que sus efectos sobre el sistema cardiovascular son muy severos. La nicotina y el alquitrán aumentan la arterioesclerosis, la presión arterial y reducen el flujo de oxígeno que llega al cerebro, provocando dolores de cabeza, ansiedad y problemas de memoria a cualquier edad. No me quiero extender más allá con el consumo de tóxicos, ya que considero que la inmensa mayoría de lectores ni consumen cocaína ni inhalan pegamento, y que aquellos que fuman conocen de sobra los efectos perniciosos para su salud (aunque quizás algunos no supieran que aumenta el riesgo de Alzheimer).

Dejando a un lado estas sustancias que son claramente tóxicas, el siguiente hábito más perjudicial para tu cerebro es el estrés. Puede que te sorprenda leer esto, pero durante este capítulo vamos a hablar de cómo el estrés repercute en tu cerebro, en la forma en que este envejece, y cómo condiciona tu capacidad para pensar y sentir. El estrés es una auténtica epidemia de nuestra época. Si sientes la necesidad de hacer varias cosas a la vez, te molesta esperar, tienes una agenda demasiado apretada, trabajas demasiado o simplemente te cuesta relajarte, es posible que seas parte del 30 % de la población que convive con el estrés crónico. Aunque no estés *enganchado* al estrés como forma de vida, es muy posible que la vida te sitúe con más frecuencia de lo que desearías ante retos que provocan reacciones de estrés, como sentirte apresurado por las exigencias del trabajo, la necesidad de compaginar vida familiar y vida laboral, o el que provocan situaciones personales como cuidar de una persona enferma o el desempleo.

El estrés es una respuesta del organismo frente a un evento amenazador. Ante un posible peligro el organismo segrega una serie de hormonas, principalmente cortisol y adrenalina, que dilatan tus pupilas, aumentan la presión arterial y aceleran el ritmo cardiaco y la frecuencia respiratoria. Es el estado ideal para enfrentarte al ataque de un oso o un león. Sin embargo, en tu día a día es poco probable que seas atacado por una fiera salvaje. A pesar de que no vives en un mundo que amenace con arrebatarte la vida, conoces de primera mano la sensación de estrés. De hecho, seguro que a lo largo de esta semana has vivido distintos momentos de estrés. ¿Cuál es la razón de que una respuesta fisiológica tan excepcional resulte tan familiar? La principal razón es que, una vez expuesto a una situación de estrés, tu organismo puede despertar dicha respuesta de una manera más o menos voluntaria. Lo que pudo comenzar como un último recurso para terminar un trabajo a tiempo o estudiar para un examen a última hora puede convertirse en un hábito muy pernicioso si se utiliza indiscriminadamente. **Por desgracia, la facultad del estrés de llevarnos más allá de nuestros límites ha encontrado una gran acogida en una sociedad tremendamente competitiva y apresurada.** A diferencia de culturas tradicionales como la de Okinawa o las islas del Mediterráneo, la vida moderna invita al estrés y provoca que sean muchas las personas que lo utilizan de manera cotidiana para alcanzar metas más ambiciosas superando el cansancio, el dolor e incluso la enfermedad.

Es cierto que un grado moderado de estrés nos permite trabajar o estudiar más rápido, mejor y durante más tiempo. Puede que sientas que el estrés te ayuda a progresar, que te hace sentir bien o que es tu forma de ser, aunque seguramente ninguna de estas afirmaciones sea cierta. Ante el lecho de muerte nadie desea haber pasado más tiempo en la oficina, sino en casa; nadie experimenta arrepentimiento por aquel expediente que no acabará, sino por todas las cosas que no llegará a decirle a sus seres queridos, y a nadie se le llenan de lágrimas los ojos pensando en los buenos ratos pasados junto a su jefe, sino en los que ha vivido junto a su familia. Lejos de acercarnos al éxito o la felicidad, cada día parece más claro que rebasar los límites de nuestro cuerpo de una manera continuada tiene consecuencias graves y, en muchos casos, irreversibles sobre tu salud, tu estado de ánimo e incluso sobre tu éxito profesional.

Durante la década de 1950 el estrés afectaba principalmente a hombres de negocios, y ya por aquel entonces los primeros estudios sobre el estrés comenzaron a revelar sus perniciosos efectos sobre la salud, incluyendo problemas de ansiedad y la depresión del sistema inmunológico. En la década de 1980 el estrés llegó incluso a ponerse de moda de la mano de películas sobre ejecutivos que comían a la carrera y hacían millones con unas llamadas. Enseguida se asoció estrés y éxito profesional. En los casos más graves, los ejecutivos toman cocaína para aguantar más horas y rendir al

200 %. Por desgracia no hace falta mover grandes cantidades de dinero para padecer sus efectos. Hoy en día el estrés afecta a todos los estratos sociales. Recoger a los niños del colegio, llegar puntual al trabajo, enfrentarse a los exámenes, discusiones laborales, problemas de salud son todas situaciones que ponen a prueba nuestra tranquilidad.

Las consecuencias adversas del estrés van más allá de una perturbación de nuestra paz interior. Sus efectos sobre corazón y arterias son muy conocidos y colocan al estrés entre los principales factores de riesgo para sufrir un infarto cerebral. En mi trabajo suelo encontrarme con personas que han sufrido un ictus y que, igual que muchos lectores, sentían que el estrés les ayudaba a superarse o que simplemente formaba parte de su forma de ser. Con frecuencia estas personas que tenían una trepidante carrera profesional pierden la capacidad para hablar o moverse y muy rara vez vuelven a trabajar. Son muchos los factores que asocian el estrés con los infartos de miocardio y los accidentes cerebrovasculares, pero posiblemente los estudios más sorprendentes en este campo son los que asocian el estrés con un envejecimiento cerebral prematuro y con una mayor vulnerabilidad de sufrir Alzheimer.

Si conoces a personas que conviven con un alto grado de estrés, habrás podido observar cómo el color de su pelo, su piel o el contorno de sus ojos reflejan un aceleramiento del paso del tiempo. Hace unos años se descubrió que el estrés reduce la producción de una enzima encargada de retrasar el ritmo de envejecimiento celular haciendo que las células de una persona de 50 años puedan reflejar una edad biológica de 60. Por eso las personas que viven con estrés crónico tienen ojeras, arrugas y canas de forma prematura. Puede que tu aspecto físico no te preocupe demasiado, pero tu bienestar psíquico sí. En este caso debes saber que, **si sufres estrés crónico y tienes 40 años, es posible que tus células cerebrales ya tengan 45 y que cuando llegues a los 65, si tienes la suerte de no haber sufrido un ictus, tus neuronas funcionen como las de una persona de 75.** Por si esto fuera poco, un grupo de investigadores alemanes ha demostrado recientemente que el estrés también favorece o al menos acelera la aparición del Alzheimer. De acuerdo con estos investigadores, la exposición prolongada al estrés agota la respuesta inmunitaria del organismo y provoca inflamación cerebral, que está asociada a un mayor ritmo de progresión del Alzheimer.

El estrés también repercute negativamente en tus capacidades intelectuales. La secreción de hormonas de estrés provoca una reducción en los niveles de atención y concentración. Por otra parte, el estrés puede impedir la aparición de las ondas delta características del sueño profundo y reparador, tan importante para la memoria. En cuanto a la capacidad para razonar, muchas personas creen que el estrés les ayuda a tomar mejores decisiones, y la realidad es que puede ser así en situaciones en las que el tiempo apremie. Sin embargo, cuando el tiempo no es un factor determinante, **las personas que experimentan estrés crónico toman peores decisiones, cometen más errores y son menos hábiles en las relaciones sociales.**

Además de las consecuencias nefastas que puede tener sobre tu presión arterial, el sistema inmunitario, la memoria o la resistencia a enfermedades cerebrales, el exceso de estrés también afecta a tu bienestar emocional. La persona estresada está focalizada en las tareas pendientes y su agenda llena de responsabilidades, lo que le impide apreciar otros aspectos de la vida más placenteros y satisfactorios. En este sentido, el estrés secuestra la atención y limita la capacidad de disfrute de la persona. Si estás orgulloso de tu papel como padre, es muy posible que en una semana de estrés no te sientes ni un solo día a ayudar a tus hijos con los deberes; si te gusta pescar, pensarás muy poco en la pesca, y si cocinar te relaja, seguramente el estrés te apartará de los fogones durante días e incluso semanas. Sean cuales sean tus fuentes de disfrute, identidad o realización, podrás comprobar con facilidad que en épocas de estrés dedicas poco tiempo a esas facetas de tu vida. La neurociencia social aporta interesantes datos sobre el efecto del estrés sobre tu bienestar emocional. Si desde hace tiempo sabíamos que las personas estresadas experimentan una reducción significativa de las relaciones sociales y de la calidad de las mismas, un reciente estudio sobre nuestra capacidad de ayudar a los demás resultó muy revelador. Los investigadores descubrieron que el factor más determinante para predecir la probabilidad de que una persona practique conductas altruistas no es la generosidad o la disposición a ayudar, sino su grado de estrés. En otras palabras, las personas egoístas pero libres de estrés son más dadas a ayudar al prójimo que las que se consideran generosas pero conviven con las prisas o el estrés. Si has vivido épocas de estrés, habrás podido comprobar cómo, a medida que tu tiempo libre se contrae, las necesidades de los demás e incluso su propia existencia también se diluyen. Yo mismo he podido comprobar cómo durante los días previos a un congreso o curso importante casi no tengo tiempo para conversar con mi esposa e hijos y pueden pasar días sin hablar con mis padres, hermanos o amigos cercanos. Lo peor de todo es que en esos días no me doy cuenta de que casi les he borrado de mi mente. La verdad es que resulta triste comprobar cómo una vida apresurada puede anular la esencia generosa de una persona, su capacidad de hacer cosas que le gusten o le acerquen a un significado pleno de la vida. Todas ellas, como veremos más adelante, contribuyen de una manera generosa a encontrar la felicidad.

Además de limitar tu capacidad para prestar atención a aquellas cosas que te producen alegría, satisfacción o despiertan tu lado más amable, los estados prolongados de estrés pueden tener consecuencias aún más dramáticas para tu bienestar psíquico. De acuerdo con los estudios, la acumulación de estrés a lo largo de los años en tu sistema nervioso puede deprimir irreversiblemente la producción de hormona de la felicidad (serotonina). Las consecuencias de esto, como te puedes imaginar, son terribles, ya que cuando tu capacidad para producir esta hormona se ve comprometida, tus posibilidades de disfrutar de las cosas se verá también reducida de manera permanente. A este factor se añade que una exposición prolongada al estrés puede, literalmente, agotar tu organismo, reducir tu capacidad de respuesta para combatir las adversidades y aumentar los niveles de inflamación cerebral, lo cual contribuye a aumentar el riesgo de experimentar y cronificar estados de ansiedad y depresión. La verdad es que vivir ajeno al estrés que impone la sociedad actual es realmente difícil. Si te pregunto qué es lo primero que has hecho al despertar esta mañana, estoy seguro de que no me responderás que has abrazado a tu pareja o que has leído plácidamente una revista. Ni siquiera ir al baño a aliviar tu vejiga habrá sido lo primero. Con toda probabilidad, lo primero que has hecho esta mañana al abrir los ojos ha sido mirar el reloj. ¿Me equivoco? Vivimos en un mundo obsesionado con la velocidad. Nos despertamos, vestimos, desplazamos, trabajamos y alimentamos a la mayor velocidad posible. El culto por la velocidad ha llegado a tales límites que a muchos les molestan las personas que conducen, trabajan, deciden o hablan despacio. Frente a esta cultura de lo rápido, un movimiento surgido a finales del siglo xx en Italia promulga los beneficios de ir despacio. El movimiento *slow* («lento» en inglés) nació en la Piazza di Spagna, en Roma, como protesta ante la apertura de un restaurante de cocina rápida junto a la escalinata donde tantos romanos se sentaban a reposar un plato de comida tradicional. Este movimiento propone ser una alternativa frente a la velocidad acuciante que contamina todas las actividades de la vida. Los seguidores del movimiento *slow* cocinan al estilo tradicional, pasean o circulan en bicicleta, hacen las tareas de una en una, dedican tiempo a escuchar, comen despacio, conducen despacio, hacen el amor despacio y limitan las actividades y las cosas pendientes. En su búsqueda por calmar todas las actividades humanas aseguran vivir más tranquilos y ser más felices.

La filosofía *slow* ha reconquistado varias ciudades y pueblos de Italia y se extiende por municipios de países como Noruega, Alemania, Inglaterra o España. Cittaslow International es una organización que permite apoyar y afiliarse a este movimiento, y que orienta a su vez sobre medidas dirigidas a crear espacios y actividades que ayuden a sus habitantes a desarrollar una cultura que les permita decelerar. Por algunos de estos pueblos y ciudades están apareciendo puntos libres de Wifi (sustituyendo a los de Wifi libre o gratuito) en los que se invita a la gente a sentarse a charlar sin mirar el teléfono móvil. Los padres dejan más tiempo libre a sus hijos y sustituyen las clases extraescolares por ratos padre-hijo de calidad. La filosofía se extiende fuera de estos pueblos y cada vez son más los ejecutivos y empleados de grandes compañías que han cambiado el ritmo frenético por algo más tranquilo. Los parques de las grandes ciudades reflorecen de personas que quieren desconectar un rato del ritmo de trabajo a la hora del almuerzo, la bicicleta gana terreno como medio de transporte y algunas personas incluso prefieren recortar su sueldo y horario de trabajo con tal de disfrutar del lujo de tener un poco más de tiempo libre.

Si eres una persona estresada, acercarte a la filosofía *slow* a través de alguna de las lecturas que te recomiendo al final de este libro puede ayudarte a abrir los ojos a una vida libre de estrés.

Sabemos que hay factores genéticos que determinan que una persona sea más vulnerable a sufrir estrés. Sin embargo, cada vez tenemos más claro que dejarse seducir por el estrés tiene un componente de responsabilidad individual. Puede que seas de los que disfruta de los altibajos emocionales, el sufrimiento o la sensación de estrés porque, al fin y al cabo, uno se siente muy bien cuando esa sensación cesa, aunque sea por un instante. Sin embargo, esto puede ser como llevar unos zapatos pequeños para experimentar el inmenso placer de descalzarse al final del día. Lejos de tener como máxima aspiración unos instantes de alivio por la noche, un estado de bienestar libre de estrés o malestar es posible. En tu mano está tomar decisiones, organizar tus rutinas diarias, limitar tus metas o simplemente cambiar la forma de enfrentarte a situaciones difíciles. A muchos de los que vivimos apegados al estrés nos vendría bien que la filosofía *slow* se implementara en nuestras ciudades, trabajos o, mejor aún, en nuestro propio cerebro. La verdad es que sí se puede enseñar a nuestro cerebro a vivir más despacio. Encontrar una fuente de motivación puede ser importante, y una buena herramienta para conseguirlo puede ser tener el apoyo de un buen psicoterapeuta. Trabajando conjuntamente contigo te puede ayudar a aceptar las limitaciones del tiempo e incluso de tu propia persona y descubrir cómo un ritmo más lento no merma tus posibilidades de éxito (más bien al contrario), facilitando que puedas mantener el estrés a raya.

CONSEJOS PRÁCTICOS

Ya sabemos que el estrés es uno de los mayores enemigos para tu cerebro y tu felicidad. A continuación puedes descubrir unos pocos trucos que pueden ayudarte a alejar el estrés de tu vida:

- No intentes abarcar más de lo que puedas hacer realmente. Con el trabajo, la pareja o los amigos es importante aceptar nuestras limitaciones. Si lo consigues habrás dado un paso de gigante hacia la verdadera paz interior.
- Haz las cosas una por una. Está demostrado que realizar varias cosas a la vez no ayuda a hacer más cosas ni a que el resultado sea mejor. Libérate del trabajo y la atención multitarea.
- Cultiva la asertividad. Saber poner límites a los demás puede ayudarte, y mucho, a reducir las demandas en tu vida y a vivir más tranquilo.
- Evita exigirte más de lo que exigirías a tu mejor amigo. No es justo para ti vivir a la carrera, no tener un minuto libre o tener que hacer siempre más y mejor que los demás, ¿verdad que no?
- Olvida las falsas promesas profesionales. Perseguir una carrera profesional de primer nivel puede suponer un tremendo sacrificio y la recompensa a nivel de reconocimiento o de dinero rara vez compensa el esfuerzo. No se cómo serás de bueno en tu trabajo, pero Serge Haroche, John Gurdon, Brain Kobilka o Alvin Roth son realmente buenos en el suyo. Los cuatro ganaron el premio Nobel en Física, Química, Me-

dicina y Economía en 2012. A pesar de ello es muy posible que no les conozcas.

- Durante el fin de semana o las vacaciones busca momentos libres de Wifi o teléfono móvil. Quizás experimentes más estrés durante los primeros 15 minutos, pero luego notarás cómo una paz interior inunda tu vida. ¡No querrás volver!
- Tómate todos los días el tiempo suficiente para desayunar, comer y cenar tranquilo y sin prisas.
- Dedica todos los días un rato a hacer algo que realmente te guste, te haga sentir bien y disfrutes sin prisa.
- Rodeáte de personas que te hacen olvidarte de todo y sentirte lejano a los problemas, más tranquilo y relajado. Descubre qué tienen esas personas que te ayudan a sentirte liberado.
- Cuando te enfrentes a un problema estresante intenta parar un momento, serenar la mente y valorar la repercusión real de ese problema en tu vida. Si tu vida dentro de unos meses va a ser la misma sea cual sea la resolución de la situación, relájate y déjalo pasar.
- Si te exiges demasiado, no sabes decir que no, te estresas con facilidad o simplemente vives enganchado al estrés, busca ayuda profesional. Un psicoterapeuta puede ayudarte a vivir una vida más relajada y feliz y ser el mejor repelente de un infarto o un ictus cerebral.

11.
Cultiva emociones positivas

«La felicidad no surge de la nada, viene de tus propias acciones.»

DALAI LAMA

En el año 2011 la premio Nobel de Medicina Elizabeth Blackburn realizó un descubrimiento que cambió la percepción de la comunidad científica acerca de la psicología positiva (una corriente centrada en el estudio de la felicidad) y el propio fenómeno del envejecimiento. Esta investigadora de la Universidad de Princeton descubrió con sus experimentos que meditar puede, literalmente, retrasar el ritmo de envejecimiento cerebral. Si bien ya sabíamos que meditar tiene un beneficioso efecto sobre la presión arterial, el sistema inmunológico o la reducción de estrés, este descubrimiento ha puesto a la neurociencia tras la pista de cómo las emociones positivas pueden ayudar a retrasar el envejecimiento cerebral.

Los científicos de la felicidad llevan aproximadamente una década analizando sistemáticamente las emociones, las actitudes, los factores económicos y sociales que te dan sensación de bienestar y te acercan a la auténtica felicidad. Curiosamente, muchos de sus hallazgos son compatibles con lo que hoy sabemos que puede retrasar el envejecimiento cerebral y alejar algunos de los trastornos y enfermedades que lo acechan en su vejez. Bajo todos los prismas, cultivar la felicidad puede mejorar tu salud cerebral y viceversa.

De acuerdo con lo que sabemos en la actualidad, los factores económicos pueden ser una fuente de felicidad en la medida en que posibilitan tu alimentación, cobijo, vestido y atención médica. Sin embargo, una vez alcanzadas estas necesidades básicas, la realidad es que no es más feliz el que más tiene. Los científicos han observado una y otra vez que no existen grandes diferencias en cuanto a lo que concierne a la felicidad entre aquellos que tienen un trabajo humilde, una vivienda humilde y un plato de comida sencillo, y aquellos que nadan en la opulencia. Son muchos los ejemplos de personas que no son capaces de ser felices a pesar de tenerlo todo. Por más que envidiemos las comodidades de los ricos y famosos y pensemos que el lujo es la llave dorada de la felicidad, todo indica que no lo es. ¿Qué es, entonces, lo que nos hace ser más o menos felices? Esta pregunta no es fácil de responder, aunque los psicólogos de la felicidad han encontrado 3 factores que, independientemente de tu cultura o religión, parecen ser decisivos para alcanzar la felicidad.

Disfrutar de emociones placenteras

El primero de los factores determinantes de la felicidad identificados por la psicología es la capacidad para experimentar emociones positivas. En el capítulo anterior hemos visto cómo las emociones negativas, en concreto el estrés, pueden extenderse por el cerebro como un virus que impregna todos nuestros pensamientos, diluye nuestra energía y nubla nuestras decisiones. En un sentido opuesto y de acuerdo con los descubrimientos de esta corriente psicológica, algunas emociones positivas pueden aclarar nuestro pensamiento y hacernos sentir más seguros y felices. Estos científicos han podido demostrar cómo la sensación de confort, el entusiasmo o la satisfacción del deseo pueden acercarte a la sensación de bienestar. Es totalmente natural sentir placer cuando acudimos a un buen restaurante, tenemos comodidades o simplemente accedemos a un artículo bonito. Sin embargo, los científicos han puesto de manifiesto que la contribución de estos agasajos a la felicidad es en esencia efímera o pasajera. En este sentido, la sensación de placer tiene la capacidad de engañar tu hambre de felicidad, pero no la alimenta. Por el contrario, los sentimientos positivos más profundos como la calidez, la bondad y el sentimiento de agradecimiento son más determinantes para alcanzar la auténtica felicidad. Los estudiosos de la felicidad están de acuerdo con los aficionados a los centros comerciales en cuanto a que sus investigaciones demuestran que comprar una prenda de ropa que llevas tiempo deseando te hará sentir placer, si bien dedicar ese mismo tiempo a ayudar a los demás o estar en compañía de seres queridos te acercará más a la auténtica felicidad.

Dar sentido a la vida

La segunda área de desarrollo de la felicidad es la búsqueda de significado. De acuerdo con las investigaciones, aquellas personas que perciben que su vida tiene un significado se muestran más felices y satisfechas. Tener un sentimiento de propósito que dirija nuestras acciones presentes, unos valores claros que nos guíen y la percepción de que nuestras cualidades y fortalezas sirven a un fin mayor parecen ser determinantes para una vida con significado. Seguro que has experimentado este sentimiento de significado muchas veces. Cuando has puesto en práctica tus habilidades al servicio de una meta has sentido una profunda satisfacción. Cuando has ayudado o cuidado a una persona que lo necesitaba, probablemente también. Y cuando has actuado consecuentemente con tus ideas o principios, aunque hayas tenido que ir en contra de la tendencia general o hayas sufrido consecuencias negativas, habrás experimentado también cierta paz interior por haber sido congruente con tus valores.

El significado puede otorgarte una paz interior que te permita aceptar lo bueno y lo malo que traiga la vida con serenidad. Igual que bajo un mar tranquilo o embravecido siempre se encuentra la profundidad del océano que reposa en calma, también se pueden desarrollar unos estados profundos de serenidad, confianza y bienestar. Los budistas buscan activamente este sentimiento de propósito y liberación a través de la práctica de la meditación, la compasión y el altruismo, consiguiendo una paz espiritual que prevalece y subyace a todos los otros estados emocionales provocados por las alegrías y desgracias que a lo largo de la vida vienen a nuestro encuentro. Un meditador profesional describía esta experiencia como la sensación de estar en la orilla del río y en su cauce a la vez, viviendo las corrientes de la vida pero pudiendo observarlas con una perspectiva más amplia y calma.

Las investigaciones de la neurociencia están descubriendo los sustratos biológicos que explican estos hallazgos. Por ejemplo, sabemos desde hace poco que el altruismo es una tendencia innata en el ser humano que nos predispone a ayudar a los demás y que, cuando realizamos un acto generoso, nuestro cerebro segrega una serie de hormonas que reducen los niveles de estrés y la presión arterial, tienen efectos analgésicos, antiinflamatorios y mejoran la concentración y la memoria, lo cual contribuye a un sentimiento de satisfacción y bienestar. En este sentido, no es de extrañar que las profesiones vocacionales y de servicio como los religiosos, maestros, psicólogos o bomberos se encuentren entre las profesiones con mayores índices de felicidad. Puede que tu profesión no facilite que alcances un sentimiento de significado, pero, afortunadamente, hay otras alternativas. Involucrarte en actividades de voluntariado, tener disposición para ayudar, cuidar de otros miembros de la familia o estar entregado a una afición puede aumentar tu sentimiento de propósito.

Experimentar el fluir de la vida

La tercera de las áreas de desarrollo de la felicidad es un gran desconocido para muchos, sobre todo en la sociedad occidental, pero de crucial importancia en la búsqueda de la felicidad. Se trata del estado del *fluir*. Es un término que requiere una definición porque tal vez nunca hayas oído hablar de él, aunque con un poco de suerte lo has experimentado. Fluir es la experiencia de abandono que la mayoría de las personas han tenido cuando están desarrollando algo que realmente les gusta. Algunas personas alcanzan este estado de fluir cosiendo o tejiendo (cada vez más mujeres jóvenes se apuntan a esta casi abandonada costumbre), otras practicando un deporte, otras pintando una acuarela y otras simplemente cocinando, pero todas ellas comparten una experiencia de abandono de sí mismas, de pérdida de conciencia del paso del tiempo y de verdadero fluir de sensaciones agradables. Independientemente de que al finalizar el cuadro, la partida de golf o la labor de costura el resultado haya sido el esperado o sienta reconocimiento por parte de terceros, cuando una persona experimenta este estado obtiene unos altísimos niveles de felicidad. En mi juventud pintaba figuras de soldados de la Segunda Guerra Mundial y obtenía un enorme placer al realizarlas y una absurda sensación de no querer hacer nada con ellas una vez terminadas. Nadie a mi alrededor comprendía que estuviera varios meses trabajando en una escena y al finalizarla me diera exactamente lo mismo lo que se hiciera con ella o que, como ocurría muchas veces, las acabara desmontando o regalando. Cuando leí por primera vez un texto sobre el fluir me di cuenta de por qué esos momentos eran tan valiosos para mí.

Es difícil saber qué actividades pueden ofrecer un mayor nivel de flujo emocional. Los expertos apuntan a que cualquier actividad que despierte nuestro interés, ofrezca un grado moderado de dificultad, implique la coordinación de mente y cuerpo o permita dar rienda suelta a tu creatividad puede abrir la puerta a la concentración plena, que es, a su vez, la puerta para fluir. Practicar golf, surf, pintar, bailar, tocar un instrumento, el coleccionismo o hacer el amor son algunas de las actividades en las que un porcentaje alto de practicantes experimenta el fluir emocional, pero también lo pueden ser estudiar o trabajar en muchos casos, especialmente si se pone interés en lo que se hace, un buen grado de concentración y las actividades resultan desafiantes o placenteras.

Una de las experiencias del estado de fluir más estudiadas es la meditación. Cuando meditamos, nuestra mente entra en un profundo y permanente estado de fluir en el que el mundo exterior, incluido el paso del tiempo, se puede contraer hasta casi desaparecer. Como anticipábamos al inicio de este capítulo, los beneficios de esta práctica pueden alcanzar al mismo núcleo de las células de tu cuerpo, incluidas tus neuronas. Durante los estados de meditación que pueden aparecer en la oración, algunos tipos de yoga, ejercicios de tai-chi, pero especialmente en la meditación budista, el cerebro segrega una enzima, la telomerasa, capaz de ralentizar el ritmo de envejecimiento celular. Como ya hemos explicado, esta enzima ayuda a reforzar la parte final de tus cromosomas, los telómeros, que a su vez protegen tus células del deterioro asociado al paso del tiempo. Un dato muy interesante en este sentido es que apenas una hora de meditación es suficiente para aumentar los niveles de telomerasa y mantenerlos en un nivel elevado durante 72 horas. La meditación también ha demostrado ser capaz de rebajar la frecuencia de las ondas cerebrales. Hay muchas técnicas que puedes utilizar para meditar, aunque todas ellas buscan que te concentres en un punto de tu cuerpo, un objeto como una vela o un sonido como una campana o una oración. Puede resultar muy difícil abandonar el mundo para concentrarse; hasta al propio Buda le costaba serenar la mente. Pero cuando llega ese estado tiene múltiples efectos beneficiosos sobre el cerebro, como la reducción de los niveles de estrés, la sensación de espiritualidad o el descenso de actividad en los centros cerebrales del miedo. Aunque quizás el efecto más sorprendente de la aparición de estas ondas de baja frecuencia sea su capacidad para amplificar algunos sistemas cognitivos. Gracias a la meditación el cerebro entrenado puede utilizar estas ondas para coordinar distintas regiones cerebrales y maximizar su rendimiento. Por ejemplo, en el caso de enfrentarse a un problema complejo, un cerebro acostumbrado a la meditación puede relajar ciertas regiones cerebrales con mayor eficacia potenciando el funcionamiento de otras regiones más implicadas en la toma de decisiones. Las ondas de baja frecuencia también se han relacionado con un pensamiento más intuitivo y libre, una mayor imaginación y capacidad creativa, lo que propicia la toma de decisiones más eficaz y en sintonía con nuestro mundo emocional.

La meditación y otros estados de ánimo positivos como la alegría, el amor, la risa, el optimismo, el agradecimiento o el sentido del humor también han demostrado importantes beneficios sobre otros sistemas corporales. Gracias a un mayor nivel de relajación generalizado, el metabolismo se ralentiza y el sistema inmunológico descansa. Este dato ha cobrado una gran importancia en el campo de la salud cerebral recientemente al descubrirse que tanto la depresión como el Alzheimer podrían verse agravados por un sistema inmunológico sobreexcitado. Sin embargo, los mayores beneficios de los estados de ánimo positivos sobre el cerebro parecen estar ligados al efecto que estas emociones tienen sobre el sistema vascular. Neurotransmisores como la oxitocina, la dopamina o la serotonina asociadas al placer y la relajación pueden ralentizar el ritmo cardiaco y reducir la presión arterial.

Si el descubrimiento de que las emociones positivas pueden ayudar a prolongar la vida de tu cerebro y aumentar tu bienestar emocional ha sido una revelación realmente esperanzadora, no lo es menos el hecho de que los científicos hayan descubierto que estas emociones se pueden, literalmente, cultivar. Una de las investigaciones más sencillas e interesantes en este sentido estuvo centrada en un sentimiento algo pasado de moda, pero, como hemos visto realmente necesario para una estructura psíquica feliz. Se trata del agradecimiento. Los investigadores pidieron a un grupo de personas que escribieran a diario cinco cosas por las que durante ese día se hubieran sentido agradecidos. Al cabo de tan solo dos semanas los participantes desarrollaron un mayor nivel de agradecimiento vital y todos ellos refirieron un incremento del nivel de felicidad en comparación con antes de comenzar el experimento. Con todo lo visto a lo largo de este capítulo, no es de extrañar que la persona más feliz del planeta sea un monje budista. Estos monjes cultivan durante toda su vida la capacidad de concentrarse en emociones positivas como la compasión, el amor o el propio agradecimiento. Matthieu Ricard, doctor en genética celular y adinerado miembro de la clase alta parisina, abandonó sus posesiones para hacerse monje en el Himalaya. Los neurocientíficos no dejan de sorprenderse con el funcionamiento cerebral de este monje. Su capacidad para sumergirse en ondas cerebrales Gamma (las asociadas a la atención plena, la memorización y la elucidación) es superior a la de ninguna otra persona evaluada. Asimismo, su cerebro muestra una altísima activación en la región prefrontal izquierda (que favorece estados mentales de alegría y optimismo) en comparación con la derecha (que se activa con pensamientos inhibitorios, pesimistas o negativos). Ricard no es un caso aislado; los monjes budistas cultivan sistemáticamente emociones positivas como la bondad, la compasión, la calidez, el agradecimiento, y buscan la paz interior ejercitando la meditación a diario. Es probable que hayas experimentado brevemente este sentimiento de plenitud cuando has realizado un acto generoso de manera desinteresada. De acuerdo con los budistas, la sensación de paz que originan estos actos proviene de una conexión con tu verdadera esencia, tu naturaleza más profunda. Si bien sabemos hace tiempo que, como el propio Ricard, muchos monjes exhiben niveles envidiables de felicidad gracias a la práctica de la meditación y el cultivo de emociones positivas, solo hace unos años que se ha confirmado que también viven más años y son más resistentes al deterioro cognitivo y el envejecimiento cerebral. Y es que, como te anuncié al principio de este libro, los caminos de la felicidad y la salud cerebral están entrelazados.

Vivir desde el optimismo y la paz interior parece una utopía, pero son muchos los estudios que demuestran que las actitudes básicas de la felicidad se pueden entrenar. Meditar, practicar el agradecimiento, experimentar sentimientos de plenitud y contacto con nuestra esencia son algunos de los puntos clave de la felicidad que tienen efectos beneficiosos y duraderos sobre la salud cardiovascular, el rendimiento intelectual y el bienestar emocional. En cuanto al desarrollo de prácticas y estilos de vida que ayudan a desarrollar emociones positivas, los monjes tibetanos son un ejemplo hacia el que dirigir la mirada. Su serenidad y benevolencia pueden ser el mejor estímulo para cultivar emociones positivas en tu vida cotidiana.

CONSEJOS PRÁCTICOS

Todos deseamos vivir la vida con calma y optimismo. Las emociones positivas se encuentran en el interior de tu mente y los expertos aseguran que solo tienes que dejarlas florecer. Estos consejos pueden ayudarte a conseguirlo:

- Dedica un minuto al día a sentirte agradecido. Puedes aprovechar el momento de la comida, o al meterte en la cama, pero te ayudará a vivir una vida más larga y feliz.
- Si eres religioso practica la oración a diario. Si no lo eres busca un par de ratos a la semana para practicar la meditación, yoga o tai-chi; conseguirás que tus neuronas envejezcan más tarde.
- Encuentra lo que da sentido a tu vida. Puede ser la familia, ayudar a los demás, un proyecto profesional o simplemente disfrutar del día como si fuera el último. Sea lo que sea intenta que tu cerebro saboree con frecuencia el ingrediente que da sentido a tu vida.
- Busca una afición que al llevarla a la práctica te haga perder la noción del tiempo.
- Disfruta de los pequeños placeres de la vida. Aunque seas la persona más abnegada, tu cerebro necesita disfrutar también de esos pequeños momentos de felicidad.
- Disfruta de las pequeñas cosas de la vida. Contemplar una puesta de sol, la inmensidad del mar, un buen rato en familia o un paseo tranquilo pueden ser actividades gratificantes para el espíritu y el cerebro.

Cultiva emociones positivas

- Sonríe tanto como puedas. Al hacerlo encontrarás un alivio inmediato y te ayudará a ver cualquier situación desde una perspectiva más relajada y optimista.
- Busca actividades de voluntariado o situaciones donde puedas ayudar a otras personas. Segregarás endorfinas, reactivarás tu sistema inmunológico y reducirás la inflamación cerebral.

12.
Vida social

«Estar en contacto con la mente de otros es la mejor forma de pulir y sacar brillo a tu propio cerebro.»

MICHEL DE MONTAIGNE

Una de las facetas más características de la raza humana es el hecho de ser seres sociales. Socializar forma parte de nuestra esencia. No lo elegimos ni lo podemos evitar. Relacionarse entre sus congéneres es tan importante en nuestra especie que miles de años de evolución han dotado al hemisferio izquierdo de tu cerebro de doscientos millones de neuronas más que el derecho destinadas en su totalidad a las funciones de comunicación. La verdad es que no paramos de dar uso a esa guarnición extra de neuronas. Conversar, escuchar, cotillear o simplemente hablar son las conductas más repetidas a lo largo del día por la inmensa mayoría de seres humanos. Se estima que la cifra de palabras que una persona pronuncia a lo largo del día (entre 6.000 y 10.000) triplica la de pasos que da (con suerte 2.000). Si a esto le sumamos los correos electrónicos que escribe, las hojas de periódico que lee o las noticias que escucha de la radio y la televisión, la realidad es que parece que el fin último del cerebro humano es recibir y compartir información. Como verás a continuación, relacionarse cumple un papel clave en el desarrollo cerebral, pero también puede ser un antídoto frente a la pérdida de memoria, el envejecimiento del cerebro y las alteraciones en el estado de ánimo.

Cuando eras niño tu cerebro estaba perfectamente programado para aprender y desarrollarse igual que una semilla lo está para germinar. Si la semilla necesita sustrato, agua y un poco de luz para comenzar a crecer, el cerebro precisa de nutrientes, hidratación y la luz del conocimiento que se abre camino a través del lenguaje. El niño desarrolla, a partir de las conversaciones con sus mayores, gran parte de su capacidad para comprender el mundo, recordar lo que ha ocurrido, razonar o solucionar problemas cotidianos. No hay método educativo o de desarrollo intelectual que pueda suplir la interacción social. A lo largo de la historia son muchos los ejemplos de niños criados por lobos o que han crecido en condiciones de aislamiento social y cuyo desarrollo intelectual se ha visto irremediablemente frenado debido a la ausencia de su principal fuente de estimulación. En este sentido, son los padres y no los libros de texto los que tienen en su mano facilitar que sus hijos desarrollen su intelecto. Hacerlo es tan sencillo como conversar con ellos, ayudarles a prestar atención, a comprender, a recordar, a razonar, a emprender nuevos proyectos o simplemente a esperar.

De la misma manera que durante la infancia te permitió desarrollar tus funciones intelectuales, en la vida adulta la interacción social es parte imprescindible para su mantenimiento, ya que sigue siendo una fuente inestimable de estimulación cognitiva. La interacción con otras personas permite que estés en contacto con nuevas experiencias y con otros puntos de vista, lo que es tremendamente enriquecedor. Descubrimientos como la existencia de un nuevo restaurante, un nuevo grupo de música o una nueva película suelen venir de la mano de un interlocutor informado y ayudan a expandir tu reserva cognitiva. Parte de los beneficios de la interacción para tu cerebro reside en que socializar es un acto tremendamente complejo. Si bien dar los buenos días o tomar el cambio en un supermercado son actos aparentemente sencillos, las relaciones interpersonales profundas son de extremada complejidad. Las consultas de psicoterapia están llenas de personas con dificultades para relacionarse con el otro, y con todo son muchos los que las experimentan pero no se atreven a dar el paso. La complejidad de las relaciones sociales reside en que ponen en marcha muchas de nuestras habilidades mentales conscientes e inconscientes de manera simultánea. Constantemente atendemos y analizamos nuestro lenguaje verbal y no verbal, así como el del interlocutor, consideramos su situación personal, su autopercepción y la percepción que tiene de nosotros, y tomamos decisiones sobre la marcha en función de todo ello. Por si esto fuera poco, cada vez que entramos en contacto con una persona nos situamos ante un estado de ánimo o unas circunstancias personales distintas de las de la última vez que nos reunimos con ella, lo cual hace de cada encuentro una situación irrepetible y única. Cada vez que interaccionas con otra persona estás realizando un ejercicio intelectual moderadamente complejo y novedoso, dos de los factores más importantes en el desarrollo de nuevas conexiones neuronales y de la reserva cognitiva, haciéndote, así, más resistente al deterioro cerebral.

Socializar como antídoto del deterioro intelectual

Socializar es una actividad clave en la protección del cerebro frente al paso del tiempo, así como en el retraso de la aparición de enfermedades neurodegenerativas como el Alzheimer. Sabemos que las personas más longevas del mundo viven rodeadas de seres queridos y suelen proceder de comunidades donde la relación entre sus miembros es cercana. Así ocurre en las islas de la longevidad y en muchas comunidades conocidas por su resistencia al envejecimiento cerebral.

Como acabamos de analizar, la socialización en sí misma es uno de los ejercicios mentales más estimulantes. Socializar estimula todas las áreas de nuestra corteza cerebral. Las áreas asociadas a la percepción visual nos permiten descubrir las expresiones de nuestro interlocutor. Las áreas del lenguaje están constantemente activándose alternando entre la escucha y el habla. Las áreas motoras se activan para permitirnos mover la lengua, los labios y las cuerdas vocales y hacen que nuestro cuerpo exprese con gestos lo que queremos decir. Las áreas asociadas a la toma de decisiones y la resolución de problemas deben decidir en milisegundos cuál es el siguiente paso que vamos a dar en nuestra interacción con la otra persona y resolver una infinidad de pequeños conflictos interpersonales. Todas estas operaciones se repiten de manera constante e intensa durante cualquier conversación entre dos personas.

Con frecuencia me consultan personas preocupadas por su memoria y su rendimiento intelectual **acerca de cuál es el mejor ejercicio para el cerebro. En la mayoría de los casos son personas angustiadas por la posibilidad de tener Alzheimer y que se pasan el día realizando crucigramas, sopas de letras y sudokus. En general, prestan poca atención a sus relaciones sociales, confiadas en que los ejercicios mentales que realizan son la panacea de la estimulación mental. Sin embargo,** como les explico a estas personas, **descuidar las relaciones sociales puede ser el camino más equivocado de todos.** Son muchos los estudios que indican que personas con niveles bajos de socialización (hagan sudokus o no) están más expuestas a enfermedades como el Alzheimer. Las investigaciones indican que las personas que viven solas tienen más propensión al deterioro cognitivo y la demencia, aunque este riesgo disminuye en la medida en que se implican de una manera activa en actividades sociales. La importancia de relacionarse en la prevención del envejecimiento cerebral es tal que una investigación descubrió que las personas mayores que perdían audición también desarrollaban Alzheimer con mayor frecuencia y precocidad que aquellas que gozaban de una buena audición. Por suerte estos investigadores también descubrieron que implantar un simple audífono es suficiente para prevenir el efecto del aislamiento asociado a la pérdida de audición. La principal enseñanza de estos y otros estudios es la importancia de una vida social activa en la prevención del deterioro cognitivo y el avance de enfermedades como el Alzheimer.

Hoy en día son muchos los factores que pueden desencadenar un aislamiento social. La jubilación puede provocar una reducción significativa del número de amistades o interacciones sociales. Asimismo, algunos acontecimientos vitales como un divorcio, la pérdida de la pareja o el abandono del hogar por parte de los hijos pueden reducir drásticamente las posibilidades de socialización y, con ello, la estimulación cognitiva que recibe la persona. En este sentido, las personas que viven solas tienen un mayor riesgo de sufrir deterioro cognitivo que las que viven acompañadas o en familia.

Socializar para proteger tu ánimo

Si mantener una vida social activa es garantía de un buen desarrollo cognitivo, no lo es menos de un bienestar psíquico.

Los casos de personas que han padecido el aislamiento social nos dan una visión clara de cómo la dimensión social del ser humano va más allá de nuestro gusto por la compañía. El aislamiento social es probablemente una de las formas más crueles de tortura. Aquellos prisioneros que son destinados a las celdas de aislamiento o que sufren un secuestro refieren sin excepción que lo más terrible de su experiencia no ha sido la privación de libertad, los malos tratos o el miedo a la muerte, sino la falta de contacto social. Los psicólogos conocen bien los efectos del aislamiento sobre los humanos. Sentirse cercano a alguien es tan importante que muchos secuestrados acaban enamorándose de sus captores o identificándose con sus ideales en lo que se conoce como el síndrome de Estocolmo. Aquellos que no consiguen un trato humano caen irremediablemente en la más profunda depresión, a lo que le sucede una desintegración de la propia identidad. Fenómenos como perder el sentido de la vida, no recordar aquellas cosas que le pueden hacer sentir bien o no ser capaz de realizar razonamientos sencillos ocurren tan solo cuatro semanas después de comenzar el aislamiento. Los que lo han sufrido describen esta experiencia como una sensación de que el cerebro está literalmente desintegrándose y que simplemente no son capaces de encontrar motivaciones o pensamientos en su cabeza, junto con una angustiosa necesidad de estar con alguna persona que les hable. Los deportistas que se embarcan en largas travesías por el océano en solitario deben enfrentarse a los peligros más temibles de la naturaleza: tormentas salvajes, fríos polares, olas gigantescas o el sol abrasador durante jornadas y, sin embargo, refieren que el obstáculo más difícil de afrontar durante la travesía es la desgarradora soledad. A pesar de comunicarse periódicamente a través de la radio con un equipo de apoyo y los propios familiares, cada minuto lejos de otro ser humano poco a poco hace mella en el espíritu de estos regatistas de la soledad. Tanto los que han sufrido aislamiento forzoso como los que se aventuran voluntariamente en la soledad coinciden en señalar que el alma o la propia existencia humana se desvanece en ausencia de otras personas.

Los beneficios de una vida gregaria sobre el ánimo son claros. Las interacciones sociales producen sensaciones de satisfacción, placer y favorecen la relajación, ya que ponen en marcha neurotransmisores, principalmente dopamina y endorfina, que por un lado mantienen activo el cerebro y por el otro relajan el nivel de tensión corporal reduciendo el ritmo cardiaco, la tensión arterial o la respiración. Como ya hemos visto en capítulos anteriores, la activación de estos neurotransmisores y la reducción del ritmo metabólico son beneficiosas para el sistema inmunológico y el cardiaco y por lo tanto, son positivas para tu salud cerebral.

Desde la infancia, la cercanía a los padres y sus muestras de cariño determinan nuestro nivel de autoestima en la vida adulta. Los psicólogos de las emociones aseguran que la infancia es el parque de recreo en el que jugaremos de adultos; una infancia llena de cariño promueve unos niveles adecuados de confianza en la vida adulta. En este sentido, los cerebros que han crecido arropados por el cariño se muestran más seguros de sí mismos y ese aplomo se manifiesta en sus relaciones afectivas, sociales y profesionales. Si la presencia y cariño de los padres es importante, no lo es menos la de los hermanos y amigos. Los hijos de familias numerosas son adultos con niveles más bajos de neuroticismo que aquellos criados en ausencia de hermanos. De hecho, los estudios indican que, como norma general, cuantos más hermanos, mayor estabilidad emocional para cada uno de ellos. Esta ventaja parece deberse a que la experiencia de la fraternidad promueve un mayor contacto social y, por ende, una mayor capacidad para compartir, relativizar y ponerse en el lugar del otro.

En la vida adulta la interacción social forma parte de un equilibrio emocional duradero. Los estudios indican que aquellos que tienen lazos familiares son más resistentes a la ansiedad o la depresión. Asimismo, los estudiosos de la psicología positiva incluyen los lazos sociales como una de las dimensiones más importantes para aumentar el bienestar emocional. De acuerdo con las investigaciones, aquellas personas que tienen relaciones sociales positivas, en las que muestran y reciben interés, afecto y preocupación por la otra persona, experimentan un mayor nivel de bienestar y realización.

Una vez leído esto, no debe sorprender que en una sociedad cada vez más distante e impersonal los problemas del estado de ánimo estén a la orden del día. Familiares que viven a cientos de kilómetros, amigos que viven en la otra punta de la ciudad, hijos que no ven a sus padres hasta la noche o clientes que compran la comida y hasta la ropa por internet configuran una clase social en aumento en la que el contacto personal es cada vez menor. Los psicólogos conocemos de primera mano el efecto de la falta de contacto en una generación de niños y adolescentes que ha crecido con la sensación de no existir. Muchos de los casos de fracaso escolar o de problemas de conducta en la escuela tienen que ver con la necesidad de estos niños de figurar en algún lugar para alguien. Si fueras uno de estos niños sabrías que es infinitamente mejor ser recriminado que ignorado. En estos casos suele bastar aumentar las horas que los padres pasan con los hijos, ayudándoles con los deberes, paseando con ellos, escuchándoles y haciéndoles sentir que existen para que estas conductas disruptivas comiencen a reducirse. Como he explicado a algunos padres en los casos más flagrantes, estas actitudes, lejos de ser llamadas de atención, son un ejercicio legítimo de su derecho de existir.

Desgraciadamente, los niños no son los únicos que sufren el efecto de la falta de tiempo y dedicación. Esposos que no se sienten entendidos o simplemente escuchados suelen encontrar con frecuencia los amargos efectos de la soledad en su estado de ánimo. Tristeza crónica, depresión, alcoholismo o infidelidades están en muchos casos provocados por un profundo sentimiento de soledad. Sin embargo, la soledad se hace más evidente entre aquellos que viven solos. Solteros, separados y viudos sufren en estos tiempos más que nunca los efectos de la soledad debido a que los lazos familiares son cada vez más débiles y lejanos. Aunque las nuevas tecnologías prometen acercar a los seres queridos a la palma de nuestra mano, cualquier gran ciudad está salpicada de personas que, más allá de vivir solas, se sienten solas. Retomando los estudios en los que te hablaba de cómo vivir solo aumenta el riesgo de sufrir Alzheimer y acelera el deterioro cognitivo, hace unos días pude leer el informe preliminar elaborado por la Iniciativa Europea de la Prevención del Alzheimer, y destacaba un dato muy interesante que tiene que ver con lo que estamos comentando. **Si las personas que viven solas tienen un mayor riesgo de desarrollar deterioro cognitivo y Alzheimer, también lo tienen aquellas que, aunque viven acompañadas, experimentan un sentimiento de soledad.** De hecho, parece que los sentimientos negativos como la soledad y la desesperanza son tan importantes en el deterioro cerebral como la falta de interacción social. Cuando ambas circunstancias se combinan, como en los casos en que la persona vive y se siente sola o las personas que enviudan y se sienten desesperanzadas, la probabilidad de desarrollar Alzheimer es el doble que si se vive solo pero no se experimenta soledad o se enviuda pero no aparece la desesperanza. Obviamente, una lectura positiva de todos estos datos es que se pueden paliar los efectos de vivir solo combatiendo los sentimientos de soledad y desesperanza.

El cuidado de nuestros mayores es un problema de primer orden en las sociedades «desarrolladas», en las que el sentimiento de responsabilidad intergeneracional parece haberse disipado. En general, cuanto más grande y compleja sea la estructura social, mayor es el riesgo de vivir alejado, física y emocionalmente, de los seres queridos. Como decíamos antes, son muchos los mayores de las grandes ciudades que viven y se sienten solos, empujados a ello por la atareada vida de sus hijos o la lejanía de familiares y seres queridos. Por el contrario, en las sociedades tradicionales, padres, hijos y nietos conviven con naturalidad en la misma vivienda o son vecinos cercanos, y los vecinos y conocidos son considerados casi como familia, lo que puede ser una de las razones de sus menores índices de demencia.

CONSEJOS PRÁCTICOS

Tu cerebro necesita de los demás para nutrirse tanto como el alimento o el oxígeno. No descuides tu faceta social:

- Cultiva la vida familiar. Ya tengas una gran familia o una pequeña, estés casado o soltero, viváis como una piña o dispersos por el mundo, la familia es una fuente de salud cerebral insustituible. Convivir, compartir, solucionar los conflictos y sobre todo sentirte acompañado hará que tu cerebro enferme menos y viva más.
- Cuida tus amistades. Disfrútalas, dedícales tiempo y exprésales tu amor y cariño.
- Refuerza los lazos sociales en el trabajo. Dedicamos muchas horas al día al trabajo y relacionarnos en él puede aportar a tu cerebro compañía, estimulación cognitiva y distensión frente al estrés que con tanta frecuencia inunda el ámbito laboral.
- Cultiva el arte de hacer nuevos amigos. Algunas personas hacen amigos en la cola del supermercado y otras necesitan mucho más, pero para todos ellos encontrar un nuevo amigo es encontrar una fuente inestimable de descubrimiento, sabiduría y bienestar emocional.
- No descuides los eventos sociales a los que te invitan. Cumpleaños, graduaciones, bodas y otros acontecimientos existen en todas las culturas y su misión es reforzar los vínculos sociales entre las personas allegadas.
- Involúcrate en actividades de voluntariado. Son una fuente excelente para crear vínculos sociales y emocionales con otras personas.

- Sé activo en algún grupo social. Bien sea a través de una afición, con los padres del colegio, antiguos alumnos, la comunidad de vecinos o un colegio profesional, estas actividades te ayudan a estar en contacto con personas con otro punto de vista y te ayudarán a fortalecer tu reserva cognitiva.
- Sé abierto, no juzgues a las personas e intenta conocerlas más a fondo. Rechazar a la gente es sencillo solo si se les juzga desde la distancia y mirando su capa más externa. Una vez conozcas a alguien más a fondo, en la mayoría de los casos podrás comprobar que es una persona realmente hermosa en su interior.

13.
Desarrollar un estilo de vida neurosaludable

«La mitad de la curación reside en la voluntad
de sanar.»

SÉNECA

Durante todo el libro te he presentado datos acerca de las amenazas reales a las que está expuesto tu cerebro, así como los riesgos y beneficios que ciertas conductas y hábitos pueden tener sobre él. En este capítulo quiero ir un poco más allá y ayudarte a dar el paso que hace falta para mejorar tu salud cerebral, ayudarte a que desarrolles un estilo de vida saludable para tu cerebro. Creo firmemente que la clave para alcanzar la meta de una mejor salud cerebral reside en tu compromiso para desarrollar ciertos hábitos y estilos de vida. Algunas personas son tremendamente proactivas y una vez terminado el cuarto capítulo ya habrán comenzado a imitar la vida de los habitantes de Okinawa. Otras pueden ser más reticentes a ponerse en marcha; para estas últimas puede resultar especialmente útil este capítulo.

Conocer los puntos clave del cuidado del cerebro es el primer paso para decidir tomar el camino de la salud cerebral. Sin embargo, los psicólogos sabemos desde hace mucho que para promover el cambio hace falta algo más que información. Todo el mundo conoce la repercusión negativa de fumar, consumir alcohol en exceso o tener sobrepeso y, sin embargo, son muchas las personas que descuidan estos hábitos tan perniciosos para su vida. Saber o no saber es algo casi anecdótico y las personas que triunfan en la vida se caracterizan por tener una actitud que les permite conseguir lo que realmente es bueno para ellas. En este sentido, el cambio se produce cuando existe una motivación poderosa que nos haga romper nuestro confort con el fin de conseguir un beneficio percibido, cuando aparezca la estructura organizativa que nos permita materializar ese deseo y cuando esas conductas se mantienen en el tiempo.

Tu motivación para mejorar tu salud cerebral

Seguramente el componente más importante para desarrollar un estilo de vida que beneficie la salud de tu cerebro sea la motivación. En el ámbito de la psicología la motivación está bien estudiada y conocemos el importante poder que desempeña en la puesta en marcha de conductas en el individuo. Uno puede hablar durante horas sobre las bondades del ejercicio físico o las hortalizas anaranjadas, pero si la persona que tiene enfrente no encuentra una verdadera motivación para cuidar de su cerebro, difícilmente tomará la decisión de hacerlo. Al igual que no hay movimiento sin una fuerza de empuje, no existen posibilidades de cambio sin motivación.

La motivación no solo nos permite poner en marcha conductas, sino que nos permite llegar más lejos de lo que parece posible y superar casi cualquier obstáculo que se presenta en el camino. Seguramente conoces historias de personas que gracias a una gran determinación consiguieron lo imposible. Recuerdo a una mujer sin brazos que era capaz de utilizar los pies con gran destreza, lo que le permitía conducir, trabajar, prepararse la comida e incluso cambiar los pañales de su bebé. La experiencia en distintos ámbitos de la medicina nos ha enseñado que el poder de determinación de un paciente o familia puede contribuir a una recuperación claramente por encima de las expectativas de los profesionales. Como podrás comprobar, desarrollar un estilo de vida saludable para tu cerebro no entraña grandes desafíos, sino más bien un cierto grado de compromiso. Seguramente te encontrarás pequeños obstáculos en el camino. Una alta motivación te puede ayudar a superarlos y mantenerte fiel a tu objetivo.

La ciencia de la motivación aporta algunas pistas que pueden hacer más productiva tu determinación. La primera de ellas es que te fijes objetivos a corto plazo. Fijar objetivos a largo plazo suele ser percibido por el cerebro como una meta inalcanzable y lleva inevitablemente al abandono. Sin embargo, un pequeño objetivo se percibe más asequible y abordable y facilita la puesta en marcha. Para una persona sedentaria, plantearse hacer footing a diario puede suponer un mayor esfuerzo mental que alcanzar la cima del Everest para un alpinista. Para el que no come pescado, cenarlo cuatro veces a la semana puede resultarte tan difícil como cazar una ballena. Si enfocas las cosas en términos de todo o nada, seguramente fracasarás. En este sentido, es más interesante que te plantees una estrategia basada en pequeños objetivos. Puedes elegir el área de la salud cerebral en la que experimentes más carencias y fijarte un pequeñísimo objetivo. Si flojeas en el ámbito de la actividad física, puedes plantearte, para empezar, dar un buen paseo. Si tu punto débil es la nutrición, puedes buscar qué alimentos de tu repertorio habitual pueden ser más saludables. Y si tu punto débil es la estimulación cognitiva, quizás apagar la tele e ir a visitar tu librería sea ya un paso esperanzador.

Por otra parte, sabemos que las motivaciones positivas son más poderosas que las negativas. Si, por ejemplo, una persona quiere dejar de fumar, tendrá más posibilidades de conseguirlo si piensa en lo bien que se va a sentir, la energía que va a recuperar o lo despejada que notará su cabeza una vez esté libre de tabaco que si piensa en el riesgo de padecer cáncer de pulmón. De hecho, sabemos que pensar en sufrir cáncer de pulmón aumenta la ansiedad de los fumadores y les hace encender otro cigarrillo. El poder del pensamiento positivo reside en atraer las cosas que se desean, mientras que el pensamiento negativo hace centrar la atención en las cosas que no desea, con lo que es más posible que aparezcan o por lo menos que las veamos. La madre Teresa de Calcuta decía que nunca iría a una manifestación contra la guerra, pero que la apuntaran la primera a una manifestación para la paz. Durante todo el libro he intentado dar una visión positiva del cuidado del cerebro. Es cierto que las enfermedades neurodegenerativas están ahí, pero siempre he intentado que pienses en los beneficios que puedes obtener de cuidar tu cerebro, empezando por aquellos que encontrarás a corto plazo. Sin embargo, no soy yo el que puede encontrar tu mayor foco de motivación, sino tú. Para algunas personas comenzar a sentirse mejor mañana es la mejor fuente de motivación. En otros casos, puede ser potenciar las capacidades de trabajo y tener más éxito profesional. Para otras personas puede ser el deseo de disfrutar de sus aficiones durante más tiempo o tener una vejez llena de vida. No sé cuál es la tuya, pero me gustaría que pensaras en ello. ¿Cuál es tu fuente de motivación para cuidar tu cerebro? Por favor, evita pensar en cosas desagradables como sufrir un ictus o Alzheimer: recuerda que los pensamientos negativos no ayudan mucho al cambio. Sea lo que sea que tengas en la cabeza, por muy aterrador que resulte, ponlo en positivo.

El tercer secreto que nos enseña la ciencia de la motivación es que una vez hemos hecho público un objetivo o un compromiso, es más fácil alcanzar esa meta. Aquellas personas fumadoras que dicen a sus familiares que lo van a dejar tienen más probabilidades de éxito. De la misma manera, distintas investigaciones han comprobado que aquellas personas con sobrepeso que dan una charla sobre los beneficios de tener un peso saludable son más proclives a perder peso y a mantener la balanza en unos límites sanos. La razón es muy sencilla. Hay una ley psicológica que dice que nuestra mente tiende a mantener la congruencia entre nuestras afirmaciones y nuestras acciones. No nos sentimos cómodos en la incongruencia y por ello tendemos a respetar nuestros compromisos. En ese sentido, ayudar a que una idea traspase las barreras de la intimidad del propio pensamiento facilita que se materialice en una acción o una realidad. Para aumentar tu adherencia al camino de la salud cerebral te voy a pedir un pequeño ejercicio de compromiso. Es muy pequeño, pero es también muy importante. El ejercicio consiste en que escribas lo que podría ser el principal motor motivacional para mejorar tu salud cerebral. Solo por el mero hecho de escribirlo es más fácil que lo recuerdes y más probable que consigas tu objetivo.

Deseo mejorar mi salud cerebral para:

Desarrollar hábitos que potencien tu salud cerebral

Seguramente a lo largo de tu vida te habrás propuesto muchos objetivos que nunca se materializaron. Como reza el refrán, los cementerios están llenos de buenos propósitos, de la misma manera que las palabras se las lleva el viento y las acciones aisladas se pueden quedar en anécdotas. Sin embargo, los hábitos y estilos de vida son pautas de comportamiento que se desarrollan durante periodos prolongados y que se realizan de una manera automática. En ese automatismo con el que se desarrollan estos hábitos reside su poder. Si te pido que me describas la última vez que preparaste una fiesta de cumpleaños, seguramente me lo puedas contar con todo lujo de detalles, aunque hayan pasado semanas o incluso meses. Sin embargo, si te pido que recuerdes con ese mismo detalle cómo han sido los primeros diez minutos de tu mañana o el trayecto hasta tu trabajo, seguramente seas incapaz de hacerlo. La razón de que no puedas narrarme los detalles de estas actividades es que forman parte de tu rutina y, como tal, las has llevado a cabo con el piloto automático de tu cerebro. El piloto automático es un mecanismo de ahorro energético que permite desarrollar actividades rutinarias de una manera semiconsciente, con bajo coste energético. Rascarte la cabeza ante un pequeño picor o lavarte los dientes mientras vas al dormitorio a por la cartera son conductas que realizas con el piloto automático. Gracias a este mecanismo puedes hacer dos tareas a la vez, pero sobre todo reservar energías para los desafíos reales del día a día, la solución de problemas complejos y nuevos.

Desarrollar hábitos, hacer de conductas novedosas una rutina es una estrategia muy inteligente desde el punto de vista del cuidado de la salud. Las rutinas o costumbres saludables, una vez instauradas, reducen el esfuerzo que tienes que dedicar a cuidarte y facilitan que ese cuidado se perpetúe en el tiempo. Casi toda la educación para la salud se basa en el principio de generar hábitos. Si acostumbras a tu organismo a beber agua nada más levantarte, a caminar hasta el trabajo o simplemente a visitar nuevas y más saludables secciones del supermercado, estarás automatizando una serie de conductas que benefician a tu salud cerebral. A continuación te voy a sugerir una serie de ejercicios y actividades que pueden formar parte de tus hábitos y rutinas diarias o de fin de semana. Todas ellas son actividades globales porque combinan varias áreas clave en la potenciación de la salud cerebral. Estoy seguro de que a ti se te ocurrirán muchas más:

- Planifica y organiza un menú semanal que te ayude a tomar los alimentos que favorecen el buen funcionamiento de tu cerebro y su envejecimiento saludable. Adopta la sana costumbre de comer y cenar en familia y con la televisión apagada. Los encuentros alrededor de la mesa son una de las actividades más enriquecedoras para tu salud cerebral. Por el mero hecho de compartir una comida con amigos o la familia disfrutarás de la compañía de los seres queridos, estimularás tu mente, reducirás el estrés y podrás beneficiarte de alimentos más sanos y mejor preparados que si lo haces por tu cuenta o en un restaurante.
- Refuerza tus lazos sociales. Tus amigos son también amigos de tu cerebro. Busca rutinas y puntos de encuentro en los que ver a tus amigos. Puede ser la partida de cartas, el café de las amigas, los partidos de fútbol, encuentros culinarios o viajes de fin de semana, pero mantener cerca a las amistades es muy importante para conservar una mente en forma y un ánimo fuerte.

- Implícate en actividades periódicas que te permitan aprender cosas nuevas. Puedes matricularte en la universidad si te interesan los temas académicos. Los ayuntamientos y los centros culturales de cada municipio ofertan cursos de todo tipo (desde informática y fotografía hasta teatro y danza, pasando por pintura y manualidades) que pueden ofrecer oportunidades únicas de aprendizaje.
- Búscate una afición. Todas las aficiones potencian la motivación y suponen una fuente periódica de estimulación cognitiva y actividad social, ya que las aficiones suelen unir a las personas con los mismos intereses en asociaciones o reuniones.
- Mantente activo y abierto a nuevas experiencias. Bien sea en tu trabajo, en tu vida familiar o durante la jubilación, intenta ser una parte importante de las actividades cotidianas. Adopta responsabilidades que te obliguen a permanecer activo de lunes a sábado e intenta hacer de la rutina un espacio para la innovación y la diversión.
- Desarrolla hábitos que te obliguen a realizar ejercicio físico. Caminar 1.000 pasos todos los días debería ser una meta fácil de cumplir para cualquiera que de verdad muestre algo de compromiso con su cuidado cerebral. Puedes pasear al perro, caminar hasta el trabajo o apuntarte a un gimnasio, pero te aseguro que cada paso que des te aleja de la depresión, el estrés y las enfermedades cerebrales.
- Aficiónate a viajar. Viajar puede ser una de las actividades más estimulantes en todos los sentidos. Cambiar los sonidos, los olores, los sabores, las costumbres, el idioma o simplemente el suelo de las baldosas de tu ciudad por una nueva sensación bajo tus pies puede ser altamente estimulante para tu corteza cerebral. Asimismo, los viajes son una oportunidad única para crear

o estrechar lazos sociales, evadirse del estrés que te pueda suponer tu entorno cotidiano, y suelen implicar un grado moderado de ejercicio físico que resultará muy saludable para oxigenar tu mente y ejercitar tu corazón.

- Disfruta de una siesta siempre que puedas. El solo hecho de parar 15 minutos después de comer a echar una cabezadita en un sofá reducirá su tensión arterial y bajará tus niveles de estrés. El rato de sueño, además, facilitará la consolidación de recuerdos a largo plazo en tu cerebro y ayudará a prevenir la oxidación, por lo que es una costumbre de lo más neurosaludable.
- Mantente informado acerca de las actividades culturales y deportivas de tu ciudad. Las guías que ofrecen algunos periódicos o que se pueden encontrar a través de internet informan puntualmente de nuevas actividades culturales que te ayudarán a estimular tu mente y mantenerte activo física y socialmente.
- Rodéate de gente joven. Las personas centenarias suelen tener contacto frecuente con personas más jóvenes que les transmiten su ilusión y vitalidad. Cultiva el trato con los más pequeños de tu familia, sean hijos, sobrinos o nietos, y mantén ciertas costumbres que os obliguen a pasar tiempo juntos. Organizar reuniones familiares, acudir a un centro de estudios o colaborar como voluntario son algunas maneras de garantizar el contacto semanal con personas jóvenes y estimulantes para tu mente.
- A continuación tienes un pequeño test para evaluar en qué porcentaje tu día podría considerarse neurosaludable. Puedes utilizar el test para tomar conciencia de tus debilidades y motivarte en tu camino hacia una mejor salud cerebral. Si tu puntuación no ha sido muy elevada hoy, mañana tendrás otra oportunidad para mejorarla. Día a día, podrás mejorar tus niveles de salud cerebral desarrollando hábitos neurosaludables en tu vida.

¿HAS TENIDO UN DÍA NEUROSALUDABLE?	SÍ	NO
Me he despertado descansado y con energías	5	0
A lo largo del día he comido un buen plato de verdura	5	0
A lo largo del día he comido pescado	5	0
He comido varias piezas de fruta	5	0
He hecho cinco comidas a lo largo del día	5	0
Después de comer o cenar he disfrutado de un rato de sobremesa	5	0
He caminado al menos 15 minutos	5	0
He practicado deporte o he realizado ejercicio físico	5	0
He dedicado al menos 20 minutos en leer el periódico o un libro	5	0
He conocido a una persona nueva	5	0
He aprendido algo que no sabía cuando me he despertado	5	0
Mi día ha sido muy relajado	5	0
He estado un rato descansando, sin hacer nada	5	0
He tenido tiempo para mis aficiones o mis asuntos	5	0
Me he reunido con algunos amigos	5	0
He soltado una buena carcajada	5	0
Me he sentido agradecido a lo largo del día	5	0
Me he sentido satisfecho o útil para alguien	5	0
Podría decir que he tenido un buen día	5	0
Antes de dormirme habré hecho el amor	5	0
Total		

Hasta 30 puntos:

Hoy no ha sido un día de provecho en el cuidado de tu cerebro. Mañana tienes otra oportunidad. Intenta organizarte mejor.

Entre 30 y 50 puntos:

Tu día no ha sido especialmente neurosaludable. Puede que todavía no tengas hábitos afianzados o que simplemente te hayas descuidado. Piensa cómo puedes hacer que mañana sea un día más provechoso para tu salud cerebral.

Entre 50 y 70 puntos:

No está mal, pero puedes mejorar. Repasa tus puntuaciones y dedica 5 minutos a pensar y planificar cómo puedes hacer que mañana sea un día más neurosaludable.

Entre 70 y 100 puntos:

¡Enhorabuena! Tu puntuación indica que estás cuidando tu mente y estado anímico. No descuides esta buena actitud y sigue desarrollando hábitos que ayuden a mejorar tu salud cerebral.

14.
A modo de epílogo: educar en la salud cerebral

«La experiencia es el maestro de todas las cosas.»

JULIO CÉSAR

Tus hijos, al igual que los míos, tienen muchas probabilidades de vivir más allá de los 100 años. Al ritmo actual en el que progresa la esperanza de vida en nuestra sociedad, casi con toda seguridad pasarán de los 90 años. Las implicaciones de este dato son muy importantes no solo desde el punto de vista individual, sino también desde la perspectiva de la planificación económica y de los servicios sociales y de salud. Al fin y al cabo, sabemos que cada 5 velas que añadimos a la tarta de cumpleaños se duplica la cantidad de casos de Alzheimer y de ictus. Si, como se prevé, la esperanza de vida aumenta 10 años, nos encontraremos con casi cuatro veces más personas dependientes y enfermos de Alzheimer que en la actualidad. Sin embargo, los mayores expertos a nivel mundial advierten de que los fármacos preventivos no son la respuesta e insisten en que debe haber programas de prevención dirigidos a promocionar la salud cerebral de la población.

Como muchos conferenciantes, me gusta concluir mis presentaciones con una imagen representativa del tema abordado. Para decidir qué foto debería cerrar las conferencias sobre salud cerebral busqué por internet y encontré muchas imágenes bonitas e inspiradoras de personas mayores derrochando vitalidad. Sin embargo, elegí una foto que nada tiene que ver con esta imagen que muchas personas tienen de un envejecimiento saludable, pero que para mí representa de una manera inequívoca los valores de salud cerebral. Se trata de una foto de un padre llevando a su hijo de 3 años de paseo en bici sobre la arena de la playa y con las olas del mar como telón de fondo. Al público le suele sorprender encontrarse con esta foto en una conferencia de este tipo, pero para mí incorpora los principales valores que quiero transmitir. Desde mi punto de vista, el mar representa una oportunidad para la serenidad y la meditación. No hace falta más que sentarse cinco minutos a contemplar las olas para sumergirnos en un estado de calma. El mar también representa una nutrición neurosaludable, ya que de él se obtiene el pescado que debería ser fuente de proteínas y grasas saludables para tu cerebro. El hombre joven montando en bici se identifica fácilmente con la importancia del ejercicio físico, que es tan saludable para tus arterias como para tu ánimo, como desvela la amplia sonrisa de este ciclista. ¿Y el hijo? El hijo cumple dos finalidades en la escena que te he presentado. En primer lugar, transmite la idea de compañía y puede ayudar a recordar la importancia de la socialización en el cuidado del cerebro, aunque posiblemente una escena con varios amigos o incluso una pareja montando en bici pudiera transmitir la misma idea con más eficacia. ¿Por qué entonces acabo la presentación sobre salud cerebral con un niño de tan solo 3 años?

Los investigadores en el campo de la salud cerebral coinciden en que cuanto antes comiences a desarrollar hábitos saludables para tu cerebro, mayores serán los beneficios que obtendrás. En ese sentido, una persona joven que adopta hábitos neurosaludables alrededor de los 30 años es mejor representante de la salud cerebral que aquel que comienza a preocuparse por su cerebro a los 60. Seguramente, si adelantamos la edad a la que las personas comienzan a cuidar su cerebro, observaremos cómo el nivel de protección aumenta y, de hecho, los estudios que hablan de los beneficios de la dieta, o del ejercicio físico, aseguran que a mayor precocidad, mayor protección. También hay estudios que identifican estos estilos de vida prolongados en el tiempo con un menor riesgo de sufrir enfermedades como el Alzheimer.

Educar a tus hijos, sobrinos o nietos en el cuidado del cerebro parece más que razonable. Si tienes en cuenta que sus neuronas les van a acompañar a lo largo de toda su vida y que es muy probable que su vida se prolongue más allá de los 100 años, con el consecuente aumento de riesgo de sufrir Alzheimer u otro trastorno neurológico, seguramente coincidirás conmigo en que es bastante sensato que las generaciones futuras aprendan a cuidar su cerebro. Si además valoras que tus hijos cultiven hábitos que les ayuden a ser más felices, seguramente pronto comenzarás a inculcarles algunas de las enseñanzas que te he transmitido. No conozco ningún estudio que hable de que educar a niños pequeños en hábitos saludables para su cerebro pueda repercutir positivamente en un mejor envejecimiento o un mayor nivel de felicidad a lo largo de su vida. Sin embargo, sí hay un sinfín de estudios que identifican que la infancia es el momento adecuado para desarrollar hábitos de vida saludables en general. Cuando uno es mayor siempre es más difícil desarrollar nuevos hábitos, y más aún cambiar viejas costumbres. Sin embargo, al igual que es más fácil para un niño aprender un idioma o desarrollar habilidades para el deporte, también lo es adquirir hábitos beneficiosos para su salud que se mantengan en la vida adulta. Los cardiólogos saben que los infartos que sus pacientes tienen con 50 o 60 años se gestaron cuando tenían tan solo 7 u 8 años y sus padres les transmitieron valores y hábitos en lo concerniente a su alimentación, el ejercicio físico o el afrontamiento del estrés. En este sentido, no me cabe ninguna duda de que la prevención debe comenzar en la infancia, y espero que este libro sea valorado por muchos lectores no solo como una guía para mejorar su propia salud cerebral, sino como una oportunidad para educar a sus hijos en hábitos de vida saludables para su cerebro.

Me siento muy orgulloso de decir que, a diferencia de su padre, mi hijo mayor adora el pescado. Le gusta de todas las formas y colores. El gran mérito de esto lo tiene mi mujer. En cuanto le dije que comer pescado en la infancia estaba estrechamente relacionado con una mayor inteligencia en la vida adulta y que a su vez el consumo de pescado en la vida adulta parecía ayudar a alejar las enfermedades neurológicas, enseguida tomó la determinación de que el pescado tuviera un gran protagonismo en la dieta de nuestros hijos. Parte del mérito también lo tengo yo. Aunque no es mi alimento favorito, me aseguro de que mis hijos me vean comer pescado varias veces a la semana. Cuando ellos están comiéndolo me aseguro de robarles un trocito para que perciban que es un alimento tan apetecible como una patata frita. De la misma manera que hago con el pescado, intento inculcar en mis hijos el gusto por la fruta. Cada mañana preparo un pequeño tupper con fruta para que lo lleven al colegio y a media tarde me siento con mis hijos a pelar una manzana y compartir con ellos ese destello de salud. Debo decir que rentabilizo cada pedazo de fruta que tomo, ya que siempre intento hacerlo delante de mis hijos para que vean cuánto le gusta a su padre la fruta. A veces mi mujer me recrimina esta imagen poco realista que les transmito. Sin embargo, yo sé que los hábitos no se pueden imponer a la fuerza ni se puede convencer a un niño de que adquiera una costumbre nueva. El aprendizaje de los hábitos alimenticios y, en general, de muchas conductas que tienen que ver con la salud se realiza a través de la imitación (el niño imita la conducta del padre), así como por la fuerza de la costumbre (pura repetición). En este sentido, y aunque implique transmitir una imagen distorsionada, creo que habituar a mis hijos a comer mejor que yo es un regalo que les hacemos hoy y que disfrutarán toda su vida.

Hay otra razón por la que me gusta incluir la foto de ese niño junto a su padre en mis presentaciones. Es una razón sentimental, pero que conmueve a muchos. He encontrado que la foto de la que te hablo es capaz de motivar en algunos casos a los hombres que, por norma, están menos comprometidos que las mujeres en su cuidado. Ellos están más asentados en hábitos poco beneficiosos para su cerebro y su salud en general, lo que, combinado con una mayor rigidez en el pensamiento masculino, suele originar que tengan una mayor resistencia a introducir cambios en su estilo de vida por muchos beneficios que presenten para su salud. Además, los hombres tienden a valorar los beneficios a corto plazo y les cuesta adoptar cambios bajo una promesa de bienestar futuro. Sea como fuere, siempre que muestro esta foto doy un último mensaje dirigido expresamente a los hombres que están en la sala. Explico que los beneficios de desarrollar un estilo de vida saludable para el cerebro son muchos, empezando por los beneficios psicológicos, que se inician en el mismo momento en que adoptamos hábitos como el ejercicio físico o una alimentación rica en frutas y verduras y baja en grasas. Recuerdo también que hasta un 80 % de los casos de enfermedad cerebrovascular se pueden prevenir. Finalmente, reconozco que las evidencias en cuanto a la prevención del

Alzheimer son todavía pocas, pero cuanto menos la inmensa mayoría de casos de Alzheimer y otras demencias se pueden retrasar varios años. Volviendo a la fotografía del padre con el hijo, me gusta terminar la conferencia preguntando a los asistentes cuál de ellos no cambiaría sus hábitos hoy sabiendo que retrasar en uno o dos años la aparición de la demencia asociada al Alzheimer supusiera la diferencia entre poder acompañar a su hija el día de su boda o llegar a conocer a sus nietos. Puedo observar cómo muchos asistentes ven en estos hechos tan significativos en la vida de un padre o una madre una poderosa motivación para dar el paso.

Los valores que pueden potenciar la salud cerebral son los de llevar una vida más tranquila, comer mejor y en compañía de la familia, introducir un grado moderado de actividad física en nuestro día a día, vivir la vida con asombro aprendiendo cosas nuevas, rodearse de seres queridos, cultivar emociones positivas y respetar nuestro organismo, alejando emociones negativas y dándole el descanso que necesita. Son ideas sencillas, lógicas y fáciles de aprender y poner en marcha una vez se han entendido. El mensaje de la salud cerebral es una oportunidad para que los que más quieres aprendan de ti estos valores que les ayudarán a mejorar el bienestar de su mente y prolongar la vida útil de su cerebro. Un gesto tan pequeño como tumbarse en un parque a tomar una manzana, volver un poco antes del trabajo o salir a hacer deporte con tus hijos puede ser un regalo de vida para ellos. Desde aquí te quiero animar para que hagas tuyo el mensaje de la salud cerebral y lo transmitas a cuantas más personas mejor, y cuanto más jóvenes sean esas personas mejor todavía.

Hemos llegado juntos al final de este viaje por la salud de tu cerebro y te quiero agradecer tu compañía. Realmente me ilusiona pensar que un pequeño libro como este pueda contribuir a la importante misión de promover el cuidado del cerebro, y espero sinceramente que en tu caso particular lo que has leído te haya podido ayudar de alguna forma. Te deseo una vida tan larga como plena, llena de salud, felicidad, paz interior y amor.

Lecturas recomendadas

Leer es algo maravilloso y, por sí mismo, puede ayudarte a mejorar tu salud cerebral. Cuando lees aprendes cosas nuevas y alimentas tu curiosidad natural, por lo que es una fuente de reserva cognitiva. Por otra parte, leer también te ayuda a entrar en un estado mental de concentración y fluir que previene las consecuencias negativas del estrés sobre tu cerebro. A lo largo del libro he hecho referencia a muchos datos e ideas sobre las que quizá te gustaría profundizar y, por ello, he seleccionado una serie de lecturas que creo que pueden ser estimulantes en tu camino de cuidado del cerebro.

Estimular la mente y aumentar la reserva cognitiva
Si quieres profundizar sobre este tema y aprender ejercicios y técnicas que te ayuden a desarrollar tu reserva cognitiva y desenterrar todo tu potencial intelectual, te recomiendo las siguientes lecturas:

BILBAO, Álvaro. *Me falla la memoria*. Barcelona: RBA Libros, 2012.

BUZAN, Tony. *Cómo crear mapas mentales*. Barcelona: Ediciones Urano, 2004.

FOER, Joshua. *Los desafíos de la memoria*. Barcelona: Editorial Seix Barral, 2012.

MEDINA, John. *Exprime tus neuronas*. Barcelona: Ediciones Gestión 2000, 2011.

Ejercicio físico y cerebro
Para profundizar en los beneficios del ejercicio físico sobre tu salud y despertar en ti la motivación que te haga saltar del sofá y calzarte las zapatillas de deporte, te recomiendo las siguientes lecturas:

FISHPOOL, Sean. *Correr para estar en forma*. Barcelona: Editorial Hispano Europea, 2004.

MURAKAMI, Harumi. *De qué hablo cuando hablo de correr*. Barcelona: Tusquets Editores, 2010.

ROMO, Ignacio. *Correr sin desayunar y otros trucos para estar en forma*. Madrid: Alianza Editorial, 2006.

Nutrición y salud cerebral
Si crees que puedes mejorar tus hábitos nutricionales en relación con el cuidado del cerebro, te recomiendo estos dos libros:

HERNÁNDEZ RAMOS, Felipe. *Comer sí da la felicidad*. Barcelona: RBA Libros, 2009.

KIEFER, Ingrid y ZIFKO, Udo. *Alimenta tu cerebro*. Barcelona: Ediciones Obelisco, 2011.

Sueño para el cerebro

Si crees que el sueño es uno de los puntos débiles de tu salud cerebral o que podrías beneficiarte de un sueño más profundo, quieres ahondar en este tema y conocer alguna receta para dormir mejor, te recomiendo los siguientes libros:

EDLUND, Matthew. *Descanso activo.* Barcelona: Ediciones Urano, 2011.

ESTIVILL, Eduard. *Que no te quiten el sueño.* Barcelona: Editorial Planeta, 2012.

Evita el estrés y otras emociones negativas

Si crees que las emociones negativas están pasando factura a tu salud cerebral, quieres profundizar sobre este tema y dar un paso al frente para dejar los pensamientos negativos a un lado, te recomiendo los siguientes libros:

CONTIGIANI, Bruno. *Vivir despacio: pequeñas acciones para grandes cambios.* Barcelona: Plataforma Editorial, 2012.

HODGKINSON, Tom. *Cómo ser libre.* Madrid: Editorial Aguilar, 2008.

HONORÉ, Carl. *Bajo presión: cómo educar a nuestros hijos en un mundo hiperexigente.* Barcelona: RBA Libros, 2008.

WATTS, Alan. *Serenar la mente.* Barcelona: RBA Libros, 2001.

Cultivar emociones positivas

Si crees que te conviene potenciar tu lado más optimista y cultivar las emociones positivas en tu día a día, te recomiendo los siguientes libros:

DALAI LAMA y CUTLER, Howard C. *El arte de la felicidad.* Barcelona: Editorial Grijalbo, 1999.

KUPPERS, Victor. *Vivir la vida con sentido.* Barcelona: Plataforma Editorial, 2012.

SHARMA, Robin. *El monje que vendió su Ferrari.* Barcelona: Plaza & Janés Editores, 1998.

Socialización y cerebro

Si piensas que puedes aumentar tus niveles de socialización, necesitas una motivación que te ayude a encontrar a los demás o simplemente quieres profundizar sobre este tema, te recomiendo las siguientes lecturas.

MOGGACH, Deborah. *El exótico hotel Marigold.* Madrid: La Esfera de los Libros, 2012.

PICHON-VARIN, Vincent. *Se busca abuelo para compartir piso.* Barcelona: Editorial Planeta, 2013.

ROJAS, Enrique. *Amigos: adiós a la soledad.* Madrid: Ediciones Temas de Hoy, 2009.

Su opinión es importante.
En futuras ediciones, estaremos encantados
de recoger sus comentarios sobre este libro.

Por favor, háganoslos llegar a través de nuestra web:

www.plataformaeditorial.com

Aprender a cambiar
con mindfulness
Andrés Martín Asuero

Plataforma
Actual

¿Si volvieses a vivir, elegirías
la misma vida?

Un recorrido inspirador y ameno por los fundamentos
del liderazgo personal y por los mecanismos
del aprendizaje organizativo.

MÁS AMOR
Y MENOS
IBUPROFENO
El dolor de cabeza
y las emociones
David Ponce

Plataforma
Actual

respiración
ejercicio
abrazo
vitalidad
equi
comprensión
depuración
desc
2ª
edición

"Si has hecho ya de todo para eliminar tus dolores de cabeza
y has fracasado, lee este libro."
Víctor-M. Amela

"David Ponce escucha con adhesión activa. Te mira
y te radiografía al instante."
Gaspar Hernández

David Ponce, partiendo de su experiencia con numerosos
pacientes, nos explica cómo el dolor de cabeza está íntimamente
relacionado con nuestras emociones y el modo de gestionarlas,
así como con la dieta y nuestros hábitos cotidianos.